MW00717255

La Littérature en péril

Les Ennemis intimes de la démocratie, Robert Laffont, 2012
Goya à l'ombre des Lumières, Flammarion, 2011
La Signature humaine : essais 1983-2008, Seuil, 2009
L'Art ou la vie ! : le cas Rembrandt, A. Biro, 2008
La Peur des Barbares : au-delà du choc des civilisations,
    Robert Laffont
L'Esprit des Lumières, Robert Laffont, 2006
Les Aventuriers de l'absolu, Robert Laffont, 2006
Le Chant du bocage, avec Nancy Huston, photographies de
    Jean-Jacques Cournut, Actes Sud, 2005
La Naissance de l'individu dans l'art, avec Bernard Foc-
    croule et Robert Legros, Grasset, 2005
Le Nouveau Désordre mondial : réflexions d'un Européen,
    Robert Laffont, 2003
Germaine Tillion : une ethnologue dans le siècle, avec Chris-
    tian Bromberger, Actes Sud, 2002
Devoirs et délices : une vie de passeur, entretiens avec Cathe-
    rine Portevin, Seuil, 2002
Montaigne ou la découverte de l'individu, La Renaissance
    du livre, 2001
Du bon usage de la mémoire, avec Alain Finkielkraut et
    Richard Marienstras, éd. du Tricorne, 2000
*Éloge de l'individu : essai sur la peinture flamande de la
    Renaissance*, A. Biro, 2000
Mémoire du mal, tentation du bien : enquête sur le siècle,
    Robert Laffont, 2000
L'Homme mis en scène, in *Maximes, réflexions, lettres*, de
    François de La Rochefoucauld, Hachette littératures,
    1999
Le Jardin imparfait : la pensée humaniste en France, Grasset,
    1998
Benjamin Constant : la passion démocratique, Hachette lit-
    tératures, 1997
L'Homme dépaysé, Seuil, 1996

(suite en fin d'ouvrage)

Tzvetan TODOROV

La Littérature en péril

Champs essais

Pour LL.

Avant-propos

Aussi loin que remontent mes souvenirs, je me vois entouré de livres. Mes deux parents exerçaient la profession de bibliothécaire, il y avait toujours trop de livres à la maison. Ils échafaudaient constamment des plans pour de nouveaux rayonnages destinés à les absorber ; en attendant, les livres s'accumulaient dans les chambres et les couloirs, formant des piles fragiles au milieu desquelles je devais ramper. J'ai vite appris à lire et commencé à avaler les récits classiques adaptés pour la jeunesse, *Les Mille et une nuits*, les contes de Grimm et d'Andersen, *Tom Sawyer*, *Oliver Twist* et *Les Misérables*. Un jour, âgé de huit ans, j'ai lu un roman en entier ; je devais en être bien fier car j'ai écrit dans mon journal intime : « Aujourd'hui j'ai lu *Sur les genoux de grand-père*, livre de 223 pages, en une heure et demie » !

Élève au collège et au lycée, je continuais à chérir la lecture. Entrer dans l'univers des écrivains, classiques ou contemporains, bulgares ou étrangers, dont je lisais maintenant les textes intégraux, me procurait toujours un frisson de plaisir : je pouvais satisfaire ma curiosité, vivre des aventures, goûter frayeurs et joies, sans subir les frustrations qui guettaient mes relations avec les garçons et les filles de mon âge, au milieu desquels je vivais. Je ne savais pas ce que je voulais faire dans la vie, mais j'étais sûr que cela aurait à voir avec la littérature. En écrire moi-même ? Je m'y suis essayé, j'ai composé des poèmes en vers de mirliton, une pièce en trois actes consacrée à la vie des nains et des géants, j'ai même commencé un roman – mais je n'en ai pas dépassé la première page. J'ai vite senti que ce n'était pas là ma voie. Toujours incertain de la suite, c'est néanmoins sans hésitation que, à la fin du lycée, j'ai choisi ma filière universitaire : j'allais faire des études de lettres. Je suis entré en 1956 à l'université de Sofia ; parler des livres deviendrait ma profession.

La Bulgarie faisait alors partie du bloc communiste et l'étude des humanités se trouvait sous l'emprise de l'idéologie officielle. Les cours de littérature étaient faits pour moitié d'érudition, pour moitié de propagande : les œuvres passées ou présentes étaient mesurées à l'aune de la conformité au dogme marxiste-léniniste. Il fallait montrer en quoi ces écrits illustraient la bonne idéologie – ou alors, en quoi ils manquaient de le faire. Ne partageant pas la foi communiste mais n'étant pas non plus animé d'un esprit de révolte, je me réfugiais dans une attitude qu'adoptaient beaucoup de mes compatriotes : en public, acquiescement silencieux ou du bout des lèvres aux slogans officiels ; en privé, une vie intense de rencontres et de lectures, orientées surtout vers des auteurs qu'on ne pouvait soupçonner d'être les porte-parole de la doctrine communiste : soit qu'ils aient eu la chance de vivre avant l'avènement du marxisme-léninisme, soit qu'ils aient habité les pays où ils étaient libres d'écrire les livres qu'ils voulaient.

Pour mener à bien ses études supérieures, on devait toutefois rédiger, à la fin de la cinquième année, un mémoire de maîtrise. Comment parler de littérature sans avoir à se plier aux exigences de l'idéologie régnante ? Je me suis engagé dans l'une des rares voies qui permettaient d'échapper à l'embrigadement général. Elle consistait à s'occuper d'objets sans teneur idéologique ; donc, dans les œuvres littéraires, de ce qui touchait à la matérialité même du texte, à ses formes linguistiques. Je n'étais pas le seul à tenter cette solution : dès les années vingt du XXe siècle, les Formalistes russes avaient déjà ouvert la voie, suivie depuis par d'autres. À l'université, notre professeur le plus intéressant était, comme de juste, un spécialiste de la versification. J'ai donc choisi d'écrire mon mémoire en comparant deux versions d'une longue nouvelle d'un auteur

bulgare, écrite au début du XXe siècle, et je me
suis limité à l'analyse grammaticale des modifi-
cations qu'il avait apportées d'une version à
l'autre : les verbes transitifs remplaçaient les
intransitifs, le perfectif devenait plus fréquent
que l'imperfectif... Mes observations échappaient
ainsi à toute censure ! Procédant de la sorte, je
ne risquais pas d'enfreindre les tabous idéologiques du parti.

Je ne saurai jamais comment aurait pu conti-
nuer ce jeu du chat et de la souris – pas forcément
à mon avantage. L'occasion s'est présentée pour
moi de partir un an « en Europe », comme nous
disions à l'époque, c'est-à-dire de l'autre côté du
« rideau de fer » (une image que nous ne jugions
nullement excessive, puisque traverser cette frontière était quasiment impossible). J'ai choisi Paris,
dont la réputation – ville des arts et des lettres !
– m'éblouissait. Voilà un lieu où mon amour de
la littérature ne devait pas connaître de limites,
où je pourrais rapprocher en toute liberté convictions intimes et occupations publiques, échap-
pant ainsi à la schizophrénie collective imposée
par le régime totalitaire bulgare.

Les choses se sont avérées un peu plus difficiles que je ne croyais. Au cours de mes études
universitaires, j'avais pris l'habitude de repérer
les éléments des œuvres littéraires qui échappaient à l'idéologie : style, composition, formes
narratives, bref la technique littéraire. Convaincu
dans un premier temps de ne rester qu'un an en

France, telle était la durée du passeport qu'on m'avait délivré, je voulais en profiter pour tout apprendre sur ces sujets : négligés, marginalisés en Bulgarie, où ils avaient le défaut de mal servir la cause communiste, ils devaient être étudiés de long en large dans un pays où régnait la liberté ! Or j'avais du mal à repérer un tel enseignement dans les facultés parisiennes. Les cours sur la littérature y étaient répartis par nations et par siècles, je ne savais comment trouver les professeurs accordant quelque attention aux questions qui m'intéressaient. Il faut dire aussi que le dédale des institutions scolaires et de leurs programmes n'était pas facile à pénétrer pour l'étudiant étranger que j'étais.

J'étais recommandé par le doyen de la faculté de lettres de Sofia auprès de son homologue de Paris. Un jour du mois de mai 1963, j'ai frappé à la porte d'un bureau de la Sorbonne (alors unique université parisienne), celui du doyen de la faculté des lettres, l'historien André Aymard. Après avoir lu la lettre, il m'a demandé ce que je cherchais. Je lui ai répondu que je souhaitais poursuivre des études sur le style, sur le langage et la théorie littéraires – en général. — Mais on ne peut étudier ces matières en général ! Dans quelle littérature souhaitez-vous vous spécialiser ? – Sentant que le sol se dérobait sous mes pieds, j'ai marmonné un peu piteusement que la littérature française ferait l'affaire. Je voyais en même temps que je m'empêtrais dans mon français, pas très assuré à l'époque. Le doyen m'a regardé avec condescendance et m'a suggéré d'étudier plutôt la littérature bulgare avec l'un de ses spécialistes, qui ne devaient pas manquer en France.

J'étais un peu découragé mais j'ai poursuivi mes recherches, en interrogeant les quelques personnes que je connaissais. Et c'est ainsi qu'un jour un professeur de psychologie, ami d'ami, m'a dit après m'avoir entendu lui exposer mes difficultés : — Je connais une autre personne qui s'intéresse à ces questions un peu bizarres, il est assistant à la Sorbonne et s'appelle Gérard Genette. – Nous nous sommes rencontrés dans un sombre couloir de la rue Serpente, où se trouvaient quelques salles de cours ; une grande sympathie est née entre nous. Il m'a expliqué, entre autres, qu'un professeur tenait séminaire à l'École des hautes études, où il serait commode de se retrouver ; son nom (je ne l'avais jamais entendu) était Roland Barthes.

Les débuts de ma vie professionnelle en France ont été liés à ces rencontres. J'ai vite décidé qu'une seule année de séjour ne me suffirait pas et que je devais m'installer pour plus longtemps dans ce pays. Je me suis inscrit auprès de Barthes pour faire un premier doctorat, travail que j'ai présenté en 1966. Peu après, je suis entré au CNRS, où s'est déroulée toute ma carrière. Entre-temps, à l'instigation de Genette, j'ai traduit en français les textes des Formalistes russes, mal connus en France, dans un volume intitulé *Théo-rie de la littérature*, qui est paru en 1965. Plus tard, toujours avec Genette, nous avons animé, pendant dix ans, la revue *Poétique*, secondée par une collection d'essais, et nous avons tenté d'infléchir l'enseignement littéraire à l'université pour le libérer de la grille des nations et des siècles, et l'ouvrir à ce qui rapproche les œuvres les unes des autres.

Les années qui ont suivi étaient pour moi des années d'intégration progressive à la société fran-çaise. Je me suis marié, j'ai eu des enfants, je suis devenu aussi citoyen français. J'ai commencé à voter et à lire le journal, m'intéressant à la vie publique un peu plus que je ne le faisais en Bulgarie, puisque je découvrais que cette vie n'était pas nécessairement soumise aux dogmes idéologiques, comme dans les pays totalitaires. Sans tomber dans une admiration béate, je me réjouissais de constater que la France était une démocratie pluraliste, respectueuse des libertés individuelles. Ce constat à son tour influait sur mon choix d'une approche de la littérature : la pensée et les valeurs portées par chaque œuvre n'étaient plus emprisonnées dans un carcan idéo-logique préétabli, il n'y avait plus de raison de les mettre de côté et de les ignorer. Les causes de mon intérêt *exclusif* pour la matière verbale des textes avaient disparu. Depuis ce moment, au milieu des années soixante-dix, j'ai perdu aussi mon goût pour les *méthodes* d'analyse littéraire et je me suis attaché à l'analyse elle-même, donc aux rencontres avec des auteurs.

À partir de là, mon amour de la littérature ne se trouvait plus limité par l'éducation que j'avais reçue dans mon pays totalitaire. Du coup, j'ai dû chercher à m'approprier de nouveaux outils de travail ; j'ai éprouvé le besoin de me familiariser avec les données et les concepts de la psychologie, de l'anthropologie, de l'histoire. Puisque les idées des auteurs retrouvaient toute leur force, j'ai voulu, pour mieux les comprendre, m'immerger dans l'histoire de la pensée concernant l'homme et ses sociétés, dans la philosophie morale et politique.

Ce faisant, l'objet même de ce travail de connaissance s'est élargi. La littérature ne naît pas dans le vide, mais au sein d'un ensemble de discours vivants dont elle partage de nombreuses caractéristiques ; ce n'est pas un hasard si, au cours de l'histoire, ses frontières ont été changeantes. Je me suis senti attiré par ces autres formes d'expression, non pas au détriment de la littérature, mais à côté d'elle. Dans *La Conquête de l'Amérique*, pour savoir comment des cultures très différentes se rencontrent, j'ai lu les récits des voyageurs et des conquistadores espagnols du XVIe siècle, tout comme ceux de leurs contemporains aztèques et mayas. Pour réfléchir à notre vie morale, je me suis plongé dans les écrits des anciens déportés des camps russes et allemands ; cela m'a amené à écrire *Face à l'extrême*. La

correspondance de quelques écrivains m'a permis, dans *Les Aventuriers de l'absolu*, d'interroger un projet existentiel : celui qui consiste à
mettre sa vie au service de la beauté. Les textes
que je lisais, récits personnels, mémoires, ouvrages historiques, témoignages, réflexions, lettres,
textes folkloriques anonymes ne partageaient pas
avec les œuvres littéraires le statut de fiction,
puisqu'ils décrivaient directement des événements vécus ; pourtant, comme elles, ils me faisaient découvrir des dimensions inconnues du
monde, me bouleversaient et m'incitaient à penser. En d'autres mots, le champ de la littérature
s'est élargi pour moi, puisqu'il incluait maintenant, à côté des poèmes, romans, nouvelles et
œuvres dramatiques, le vaste domaine de l'écriture narrative destinée à usage public ou person-
nel, l'essai, la réflexion.

Si je me demande aujourd'hui pourquoi j'aime
la littérature, la réponse qui me vient spontané-
ment à l'esprit est : parce qu'elle m'aide à vivre.
Je ne lui demande plus tant, comme dans l'ado-
lescence, de m'épargner les blessures que je pourrais subir lors des rencontres avec des personnes
réelles ; plutôt que d'évincer les expériences
vécues, elle me fait découvrir des mondes qui se
placent en continuité avec elles et me permet de
mieux les comprendre. Je ne crois pas être le seul
à la voir ainsi. Plus dense, plus éloquente que la
vie quotidienne mais non radicalement différente, la littérature élargit notre univers, nous

incite à imaginer d'autres manières de le concevoir et de l'organiser. Nous sommes tous faits de ce que nous donnent les autres êtres humains : nos parents d'abord, ceux qui nous entourent ensuite ; la littérature ouvre à l'infini cette possibilité d'interaction avec les autres et nous enrichit donc infiniment. Elle nous procure des sensations irremplaçables qui font que le monde réel devient plus chargé de sens et plus beau. Loin d'être un simple agrément, une distraction réservée aux personnes éduquées, elle permet à chacun de mieux répondre à sa vocation d'être humain.

LA LITTÉRATURE RÉDUITE À L'ABSURDE

Le temps passant, je me suis aperçu avec quelque surprise : le rôle éminent que j'attribuais à la littérature n'était pas reconnu par tous. C'est dans l'enseignement scolaire que cette disparité m'a frappé tout d'abord. Je n'ai pas enseigné au lycée en France, à peine plus à l'université ; mais, devenu père, je ne pouvais rester insensible aux appels à l'aide que me lançaient mes enfants à la veille des contrôles ou des remises de devoirs. Or, même si je n'y mettais pas toute mon ambition, je commençais à me sentir un peu vexé de voir que mes conseils ou interventions entraînaient des notes plutôt médiocres ! Plus tard, j'ai acquis une vue d'ensemble de l'enseignement littéraire dans les écoles françaises, en siégeant entre 1994 et 2004 au Conseil national des programmes, une commission consultative

pluridisciplinaire, attachée au ministère de l'Éducation nationale. C'est là que j'ai compris : une
tout autre idée de la littérature sous-tend non
seulement la pratique de quelques professeurs
isolés, mais aussi la théorie de cet enseignement,
et les instructions officielles qui l'encadrent.

J'ouvre le *Bulletin officiel* du ministère de
l'Éducation nationale (n° 6, 31 août 2000), qui
contient les programmes des lycées, et plus par-
ticulièrement celui de français. À la première
page, sous l'intitulé « Les perspectives d'étude »,
le programme annonce : « L'étude des textes
contribue à former la réflexion sur : l'histoire littéraire et culturelle, les genres et les registres,
l'élaboration de la signification et la singularité
des textes, l'argumentation et les effets de chaque
discours sur ses destinataires. » La suite du texte
commente ces rubriques et explique notamment
que les genres « sont étudiés méthodiquement »,
que « les registres (par exemple, le tragique, le
comique) » sont approfondis en première, que
« la réflexion sur la production et la réception
des textes constitue une étude en tant que telle
au lycée » ou que « les éléments de l'argumentation » seront maintenant « envisagés sur un mode
plus analytique ».

L'ensemble de ces instructions repose donc sur
un choix : les études littéraires ont pour but premier de nous faire connaître les outils dont elles
se servent. Lire des poèmes et des romans ne
conduit pas à réfléchir sur la condition humaine,

sur l'individu et la société, l'amour et la haine, la joie et le désespoir, mais sur des notions critiques, traditionnelles ou modernes. À l'école, on n'apprend pas de quoi parlent les œuvres mais de quoi parlent les critiques.

Dans toute matière scolaire, l'enseignant est confronté à un choix – si fondamental qu'il lui échappe la plupart du temps. On pourrait le formuler ainsi, en simplifiant un peu pour les besoins de la discussion : enseignons-nous un savoir portant sur la discipline elle-même ou bien sur son objet ? Et donc, dans notre cas : étudie-t-on, avant tout, les méthodes d'analyse, qu'on illustre à l'aide d'œuvres diverses ? Ou étudie-t-on des œuvres jugées essentielles, en utilisant les méthodes les plus variées ? Où est le but, et où le moyen ? Qu'est-ce qui est obligatoire, qu'est-ce qui reste facultatif ?

Dans les autres matières, on opère ce choix de manière bien plus claire. On enseigne, d'une part, les mathématiques, la physique, la biologie, c'est-à-dire des disciplines (des sciences), en tenant compte tant bien que mal de leur évolution. On enseigne, d'autre part, l'Histoire, et non une méthode d'investigation historique parmi d'autres. Par exemple, en seconde, on juge qu'il est important de faire revivre, dans l'esprit des élèves, les grands moments de rupture dans l'histoire européenne : la démocratie grecque, la naissance des monothéismes, l'humanisme de la Renaissance, et ainsi de suite. On ne choisit pas d'enseigner l'histoire des mentalités, ou l'histoire économique, ou militaire, ou diplomatique, ou religieuse, ni les méthodes et les concepts de chacune de ces approches, même si l'on s'en sert quand on en éprouve le besoin.

Or ce même choix se présente en français ; et l'orientation actuelle de cet enseignement, telle qu'elle se reflète dans les programmes, tranche dans le sens « étude de la discipline » (comme en physique), alors qu'on pourrait préférer s'orienter vers l'« étude de l'objet » (comme en histoire). C'est ce dont témoigne le texte de présentation générale que je viens de citer, ainsi que de très nombreuses autres instructions. Élève de seconde, je dois avant tout parvenir à « maîtriser l'essentiel des notions de genre et de registre », comme des « situations d'énonciation » ; autrement dit, je dois être initié à l'étude de la sémiotique et de la pragmatique, de la rhétorique et de la poétique. Sans vouloir dénigrer ces disciplines, on peut se demander : faut-il en faire la principale matière étudiée à l'école ? Tous ces objets de connaissance sont des constructions abstraites, des concepts forgés par l'analyse littéraire pour aborder les œuvres ; aucun ne concerne ce dont parlent les œuvres elles-mêmes, leur sens, le monde qu'elles évoquent.

Dans sa classe, la plupart du temps, le professeur de français ne peut se contenter d'enseigner, comme le lui demandent les instructions officielles, les genres et les registres, les modalités de la signification et les effets de l'argumentation, la métaphore et la métonymie, la focalisation interne et externe... Il étudie aussi les œuvres. Mais on découvre ici un second infléchissement de l'enseignement littéraire. Je prends un exemple : voici comment, en 2005, on enseigne la matière Lettres dans la classe de terminale d'une filière L (littéraire), dans un grand lycée parisien. Quatre sujets sont étudiés, assurément vastes, ainsi « Grands modèles littéraires » ou « Langage verbal et images », auxquels correspondent des œuvres, en l'occurrence *Perceval* de Chrétien de Troyes et *Le Procès* de Kafka (en relation avec le film de Welles). Toutefois, les questions que les élèves auront à traiter aux épreuves, pendant l'année comme au moment du bac, sont, dans leur très grande majorité, d'un seul type. Elles portent sur la fonction d'un élément du livre par rapport à sa structure d'ensemble, non sur le sens de cet élément, ni du livre entier par rapport à son temps ou au nôtre. On interrogera donc les élèves sur le rôle de tel personnage, de tel épisode, de tel détail dans la quête du Graal, non sur la signification même de cette quête. On se demandera si *Le Procès* s'apparente au registre comique ou à celui de l'absurde, au lieu de chercher la place de Kafka dans la pensée européenne.

Je comprends que quelques professeurs de lycée se réjouissent de cette évolution : plutôt que d'hésiter devant une masse insaisissable d'informations relatives à chaque œuvre, ils savent qu'ils doivent enseigner les « six fonctions de Jakobson » et les « six actants de Greimas », l'analepse et la prolepse, et ainsi de suite. Il sera aussi beaucoup plus facile, dans un deuxième temps, de vérifier si les élèves ont bien appris leur leçon. Mais aura-t-on vraiment gagné au change ? Plusieurs arguments me font pencher pour une conception des études littéraires sur le modèle de l'histoire plutôt que sur celui de la physique ; comme conduisant à faire connaître un objet extérieur, la littérature, plutôt que les arcanes de la discipline même. D'abord, parce qu'il n'existe pas de consensus, parmi les enseignants et chercheurs dans le champ de la littérature, sur ce qui devrait constituer le noyau de leur discipline. Les structuralistes l'emportent aujourd'hui à l'école, comme les historiens le faisaient hier, comme les politologues pourraient le faire demain ; il resterait toujours quelque chose d'arbitraire dans un tel choix. Les praticiens des études littéraires aujourd'hui ne sont pas d'accord sur la liste des principaux « registres » – ni même sur la nécessité d'introduire une telle notion dans leur champ. Il y a donc ici un abus de pouvoir.

Du reste, l'asymétrie est avérée : si en physique est ignorant celui qui ne connaît pas la loi de gravitation, en français l'est celui qui n'a pas lu *Les Fleurs du mal*. On peut parier que Rousseau, Stendhal et Proust resteront familiers aux lecteurs longtemps après que seront oubliés les noms des théoriciens actuels ou leurs constructions conceptuelles, et l'on fait preuve d'un certain manque d'humilité en enseignant nos propres théories autour des œuvres plutôt que les œuvres elles-mêmes. Nous – spécialistes, critiques littéraires, professeurs – ne sommes, la plupart du temps, que des nains juchés sur les épaules des géants. Recentrer l'enseignement des lettres sur les textes rejoindrait en plus, je n'en doute pas, le vœu secret de la majorité des enseignants euxmêmes, qui ont choisi leur métier parce qu'ils aiment la littérature, parce que le sens et la beauté des œuvres les bouleversent ; et il n'y a aucune raison qu'ils répriment cette pulsion. Ce ne sont pas les professeurs qui sont responsables de cette manière ascétique de parler de la littérature.

Il est vrai que le sens de l'œuvre ne se réduit pas au jugement purement subjectif de l'élève, mais relève d'un travail de connaissance. Pour s'y engager, il peut donc être utile à cet élève d'apprendre des faits d'histoire littéraire ou quelques principes issus de l'analyse structurale. Cependant, en aucun cas l'étude de ces *moyens* d'accès ne doit se substituer à celle du sens, qui est sa *fin*. Un échafaudage est nécessaire pour élever le bâtiment mais il ne faudrait pas que le premier remplace le second : une fois le bâtiment construit, l'échafaudage est destiné à disparaître. Les innovations apportées par l'approche structurale dans les décennies précédentes sont les bienvenues à condition de garder cette fonction d'outils, au lieu de devenir leur propre but. Il ne faut pas croire les esprits manichéens : on n'est pas obligé de choisir entre le retour à la vieille école du village, où tous les enfants portent la blouse grise, et le modernisme à tous crins ; on peut garder les beaux projets du passé sans avoir à conspuer tout ce qui trouve sa source dans le monde contemporain. Les acquis de l'analyse structurale, à côté d'autres, peuvent aider à mieux comprendre le sens d'une œuvre. En eux-mêmes, ils ne sont pas plus inquiétants que ceux de la philologie, la vieille discipline qui avait dominé l'étude des lettres pendant cent cin-quante ans : ce sont des outils que personne ne conteste aujourd'hui, mais qui ne méritent pas pour autant qu'on y consacre tout son temps.

Il faut aller plus loin. Non seulement on étudie mal le sens d'un texte si l'on s'en tient à une stricte approche interne, alors que les œuvres existent toujours au sein d'un contexte et en dia-logue avec lui ; non seulement les moyens ne doi-vent pas devenir fin, ni la technique, nous faire oublier l'objectif de l'exercice. Il faut aussi s'interroger sur la finalité ultime des œuvres que nous jugeons dignes d'être étudiées. En règle générale, le lecteur non professionnel, aujour-d'hui comme hier, lit ces œuvres non pas pour mieux maîtriser une méthode de lecture, ni pour en tirer des informations sur la société où elles ont été créées, mais pour y trouver un sens qui lui permette de mieux comprendre l'homme et le monde, pour y découvrir une beauté qui enrichisse son existence ; ce faisant, il se comprend mieux lui-même. La connaissance de la littérature n'est pas une fin en soi, mais une des voies royales conduisant à l'accomplissement de chacun. Le chemin dans lequel est engagé aujourd'hui l'enseignement littéraire, qui tourne le dos à cet horizon (« cette semaine on a étudié la métonymie, la semaine prochaine on passe à la personnification »), risque, lui, de nous conduire dans une impasse – sans parler de ce qu'il pourra difficilement aboutir à un amour de la littérature.

AU-DELÀ DE L'ÉCOLE

Comment se fait-il que l'enseignement scolaire de la littérature soit devenu ce qu'il est ? On peut d'abord donner à cette question une réponse simple : c'est qu'il reflète une mutation de l'enseignement supérieur. Si les professeurs de français à l'école ont, dans leur très grande majorité, adopté cette optique nouvelle, c'est que les études littéraires ont évolué parallèlement à l'université : avant d'être professeurs ils ont été étudiants. Cette mutation a eu lieu une génération plus tôt, dans les années soixante et soixante-dix du siècle dernier, et elle s'est souvent faite sous la bannière du « structuralisme ». J'ai participé à ce mouvement ; devrais-je me sentir responsable de l'état de la discipline aujourd'hui ?

Lorsque je suis venu en France, au début des années soixante, les études littéraires

universitaires étaient dominées par des tendances
bien différentes de celles d'aujourd'hui, je viens
de le rappeler. À côté d'une explication du texte
(qui était essentiellement une pratique empirique), on demandait surtout aux étudiants de se
mouler dans un cadre historique et national ; les
rares spécialistes qui faisaient exception à cette
règle enseignaient en dehors de France ou en
dehors des chaires d'études littéraires. Plutôt que
de s'interroger longuement sur le sens des
œuvres, les thésards dressaient l'inventaire
exhaustif de tout ce qui les entourait : biographie
de l'auteur, prototypes possibles de ses personnages, variantes de l'œuvre, réactions que celle-ci
avait suscitées chez les contemporains. J'éprou-
vais le besoin d'équilibrer cette approche par
d'autres, qui m'étaient devenues familières grâce
à des lectures en langues étrangères, des Formalistes russes, des théoriciens du style et des formes
allemands (Spitzer, Auerbach, Kayser), des
auteurs du *New Criticism* américain. Je voulais
aussi qu'on explicite les notions dont on se sert
dans l'analyse littéraire, plutôt que de procéder
de manière purement intuitive ; à cette fin,
j'œuvrais, avec Genette, à l'élaboration d'une
« poétique », ou étude des propriétés du discours
littéraire.

Dans mon esprit – aujourd'hui comme
naguère –, l'approche interne (étude de la relation des éléments de l'œuvre entre eux) devait
compléter l'approche externe (étude du contexte

historique, idéologique, esthétique). La précision accrue des instruments d'analyse allait permettre des études plus fines et plus rigoureuses ; mais l'objectif ultime restait la compréhension du sens des œuvres. En 1969, j'avais organisé en collaboration avec Serge Doubrovsky une décade sur « L'enseignement de la littérature » à Cerisy-la-Salle. Je relis aujourd'hui ma conclusion aux débats, je la trouve assez maladroite (c'est la transcription d'une intervention orale), mais claire sur ce point. J'y introduisais l'idée d'une poétique, et j'ajoutais : « Le désavantage de ce type de travail, c'est disons sa modestie, le fait qu'il ne va pas très loin, qu'il ne sera jamais qu'une étude préliminaire, qu'il consiste précisément à constater, à identifier les catégories en jeu dans le texte littéraire, et non pas à nous parler du sens du texte[1]. »

Mon intention (et celle des personnes qui m'entouraient à l'époque) était d'établir un meilleur équilibre entre l'interne et l'externe, comme entre théorie et pratique. Mais ce n'est pas ainsi que les choses se sont passées. L'esprit de Mai 68, qui n'avait en lui-même rien à voir avec les orientations des études littéraires, a bouleversé les structures universitaires et modifié profondément les hiérarchies existantes. Le mouvement du balancier ne s'est pas arrêté à un point d'équilibre, il est allé très loin dans la direction opposée : seules comptent aujourd'hui les approches internes et les catégories de la théorie littéraire.

Une telle mutation dans les études universitaires de la littérature ne peut s'expliquer par la
seule influence du structuralisme ; ou, si l'on préfère, il faut chercher à comprendre d'où vient la
force de cette influence. La conception sous-
jacente qu'on se fait de la littérature entre ici en
ligne de compte. Au cours de la période anté-
rieure, qui a duré plus d'un siècle, l'histoire littéraire a dominé l'enseignement universitaire ;
c'est-à-dire, pour l'essentiel, une étude des causes
qui conduisent à l'apparition de l'œuvre : forces
sociales, politiques, ethniques, psychiques, dont
le texte littéraire est supposé être la conséquence ; ou encore, les effets de ce texte, sa dif-
fusion, son impact sur le public, son influence
sur d'autres auteurs. La préférence allait donc à
l'insertion de l'œuvre littéraire dans une chaîne
causale. L'étude du sens, en revanche, était considérée avec suspicion. On lui reprochait de ne
pouvoir jamais devenir assez scientifique et elle
était abandonnée à d'autres commentateurs,
tenus en faible estime, écrivains ou critiques de
journaux. La tradition universitaire n'envisageait
pas la littérature d'abord comme l'incarnation
d'une pensée et d'une sensibilité, ni comme une
interprétation du monde.

C'est cette tendance de longue durée qu'a
retrouvée et exacerbée la phase plus récente des
études littéraires. On décide maintenant (pour ne
citer qu'une formulation parmi mille) que
« l'œuvre impose l'avènement d'un ordre en

rupture avec l'état existant, l'affirmation d'un règne qui obéit à ses lois et à sa logique propres[2] » à l'exclusion d'un rapport au « monde empirique » ou à la « réalité » (des mots qu'on n'emploie plus qu'entre guillemets). Autrement dit, on représente désormais l'œuvre littéraire comme un objet langagier clos, autosuffisant, absolu. En 2006, à l'université française, ces généralisations abusives sont toujours présentées comme des postulats sacrés. Sans surprise, les élèves du lycée apprennent le dogme selon lequel la littérature est sans rapport avec le reste du monde et étudient les seules relations des éléments de l'œuvre entre eux. Ce qui, à n'en pas douter, contribue au désintéressement croissant que ces élèves manifestent à l'égard de la filière littéraire : leur nombre est passé en quelques décennies de 33 % à 10 % de tous les inscrits au bac général ! Pourquoi étudier la littérature si elle n'est que l'illustration des moyens nécessaires à son analyse ? Au terme de leur parcours, en effet, les étudiants en lettres se voient placés devant un choix brutal : ou devenir à leur tour professeurs de lettres, ou pointer au chômage.

À la différence du collège et du lycée, l'université n'obéit pas à des programmes communs, on y trouve donc des représentants d'écoles de pensée les plus diverses, voire contradictoires. Il reste que la tendance qui refuse de voir dans la littérature un discours sur le monde y occupe une position dominante, et exerce une influence notable sur l'orientation des futurs professeurs de français. Le courant récent de la « déconstruction » ne conduit pas dans une autre direction. Ses représentants peuvent en effet s'interroger sur le rapport de l'œuvre à la vérité et aux valeurs, mais seulement pour constater – ou plutôt pour décider, car ils le savent d'avance, tel étant leur dogme – que l'œuvre est fatalement incohérente, qu'elle ne parvient donc à rien affirmer et qu'elle subvertit ses propres valeurs ; c'est ce qu'ils appellent déconstruire un texte. À la différence du structuraliste classique, qui écartait la question même de la vérité des textes, le post-structuraliste veut bien l'examiner, mais son commentaire invariable est qu'elle ne recevra jamais de réponse. Le texte ne peut dire qu'une seule vérité, à savoir que la vérité n'existe pas ou qu'elle est à tout jamais inaccessible. Cette conception du langage s'étend même au-delà de la littérature et concerne, surtout dans les universités américaines, des disciplines dont on ne contestait pas précédemment la relation au monde. Ainsi, l'on décrira l'histoire, le droit, voire les sciences naturelles comme autant de genres littéraires, avec leurs règles et conventions ; assimilés à la littérature censée n'obéir qu'à ses propres exigences, ils sont devenus à leur tour des objets clos et autosuffisants.

Suis-je en train de suggérer que l'enseignement de la discipline doive s'effacer entièrement au profit de l'enseignement des œuvres ? Non, mais que chacun doit trouver la place qui lui convient. Dans l'enseignement supérieur, il est légitime d'enseigner (aussi) les approches, les concepts mis en œuvre, les techniques. L'enseignement secondaire, qui ne s'adresse pas aux spécialistes de la littérature mais à tous, ne peut avoir le même objet : c'est la littérature elle-même qui est destinée à tous, non les études littéraires ; il faut donc enseigner celle-là de préférence à celles-ci. Le professeur du secondaire est chargé d'une tâche lourde : intérioriser ce qu'il a appris à l'université mais, plutôt que de l'enseigner, le ramener au statut d'un outil invisible. N'est-ce pas lui demander un effort excessif, dont n'auront pas été capables ses propres maîtres ? Qu'on ne s'étonne pas ensuite s'il n'y parvient pas toujours assez bien.

La conception réductrice de la littérature ne se manifeste pas seulement dans les salles de classe ou de cours universitaire ; elle est aussi abondamment représentée parmi les journalistes qui recensent les livres, voire parmi les écrivains eux-mêmes. Faut-il s'en étonner ? Ces derniers sont tous passés par l'école, beaucoup d'entre eux aussi par les facultés de lettres, où ils ont appris que la littérature ne parle que d'elle-même et que la seule manière de l'honorer est de mettre en valeur le jeu de ses éléments constitutifs. Si les écrivains aspirent à recevoir les éloges de la critique, ils doivent se conformer à une telle image, aussi pâle soit-elle ; du reste, ils ont

souvent commencé eux-mêmes comme critiques.
Cette évolution est plus marquée en France que
dans le reste de l'Europe, en Europe que dans le
reste du monde. On peut se demander en même
temps si l'on ne trouve pas là l'une des explica-
tions au faible intérêt que suscite aujourd'hui la
littérature française en dehors des frontières de
l'Hexagone.

De nombreuses œuvres contemporaines illustrent la conception formaliste de la littérature ;
elles cultivent la construction ingénieuse, les procédés mécaniques d'engendrement du texte, les
symétries, les échos et les clins d'œil. Toutefois,
cette conception n'est pas la seule tendance qui
domine la littérature et la critique journalistique
en France, en ce début du XXIe siècle. Un autre
courant influent incarne une vision du monde
qu'on pourrait qualifier de nihiliste, selon
laquelle les hommes sont bêtes et méchants, les
destructions et les violences disent la vérité de la
condition humaine, et la vie est l'avènement d'un
désastre. On ne peut plus prétendre alors que la
littérature ne décrit pas le monde : plutôt qu'une
négation de la représentation, elle devient une
représentation de la négation. Ce qui ne l'empêche pas de rester aussi l'objet d'une critique formaliste : puisque, pour celle-ci, l'univers
représenté dans le livre est autosuffisant, sans
rapport avec le monde extérieur, il est loisible de
l'analyser sans s'interroger sur la pertinence des
opinions exprimées dans le livre, ni sur la véracité

du tableau qu'il dépeint. L'histoire de la littérature le montre bien : on passe facilement du formalisme au nihilisme ou inversement, et l'on peut même cultiver les deux simultanément.

À son tour, le courant nihiliste connaît une exception majeure, qui concerne le fragment du monde constitué par l'auteur lui-même. Une autre pratique littéraire provient en effet d'une attitude complaisante et narcissique, qui amène l'auteur à décrire par le menu ses moindres émois, ses plus insignifiantes expériences sexuelles, ses réminiscences les plus futiles : autant le monde est répugnant, autant le soi est fascinant ! Dire du mal de soi-même ne détruit d'ailleurs pas ce plaisir, l'essentiel étant de parler de soi – ce qu'on en dit est secondaire. La littérature (on dit plutôt dans ce cas « l'écriture ») n'est plus alors qu'un laboratoire où l'auteur peut s'étudier à loisir et tenter de se comprendre. On pourrait qualifier cette troisième tendance, après celles du *formalisme* et du *nihilisme*, de *solipsisme*, du nom de cette théorie philosophique qui postule qu'on est soi-même le seul être existant. L'invraisemblance de la théorie la condamne, certes, à la marginalité, mais ne l'empêche pas de devenir un programme de création littéraire. L'une de ses variantes récentes est ce qu'on appelle l'« autofiction » : l'auteur se consacre toujours autant à l'évocation de ses humeurs, mais de plus il se libère de toute contrainte référentielle, bénéficiant ainsi à la fois de l'indépendance supposée de la fiction et du plaisir engendré par la mise en valeur de soi.

Nihilisme et solipsisme littéraires sont à l'évidence solidaires. Ils reposent tous deux sur l'idée qu'une rupture radicale sépare le moi et le monde, autrement dit qu'il n'existe pas de monde commun. Je ne puis déclarer la vie et l'univers totalement insupportables que si je m'en suis exclu au préalable. Réciproquement, je décide de me consacrer exclusivement à la description de mes propres expériences seulement si je juge le reste du monde sans valeur, et de plus ne me concernant pas. Ces deux visions du monde sont donc également partielles : le nihiliste omet d'inclure dans le tableau de désolation qu'il dépeint une place pour lui-même et pour ceux qui lui ressemblent ; le solipsiste néglige de représenter le cadre humain et matériel qui le rend lui-même possible. Nihilisme et solipsisme complètent le choix formaliste plutôt qu'ils ne le réfutent : à chaque fois, mais selon des modalités différentes, c'est le monde extérieur, le monde commun au moi et aux autres, qui est nié ou déprécié. C'est en cela que, pour une très large part, la création contemporaine française est solidaire de l'idée de littérature que l'on trouve à la base de l'enseignement et de la critique : une idée absurdement restreinte et appauvrie.

Naissance de l'esthétique moderne

La thèse selon laquelle la littérature n'entre pas en relation significative avec le monde, et que par conséquent son appréciation n'a pas à tenir compte de ce qu'elle nous en dit, n'est ni une invention des professeurs de lettres d'aujourd'hui, ni une contribution originale des structuralistes. Cette thèse a une histoire longue et complexe, parallèle à celle de l'avènement de la modernité. Pour mieux la comprendre, et parvenir à la voir comme du dehors, je voudrais en évoquer brièvement ici les principales étapes[3].

Pour commencer, il faut dire que, dans ce qu'on appelle à juste titre la théorie classique de la poésie, la relation au monde extérieur est fortement affirmée. Quelques formules des Anciens illustrant cette idée seront retenues et répétées à satiété, même si l'on a perdu le sens qu'y

mettaient leurs auteurs. À savoir que, selon Aris-
tote, la poésie est une imitation de la nature, et
que, d'après Horace, sa fonction est de plaire et
d'instruire. La relation au monde se retrouve
donc aussi bien du côté de l'auteur, qui doit
connaître les réalités du monde pour pouvoir les
« imiter », que du côté des lecteurs et des audi-
teurs qui pourront, certes, y trouver du plaisir,
mais qui en tirent également des leçons applica-
bles au reste de leur existence. Dans l'Europe
chrétienne des premiers siècles, la poésie sert
principalement à la transmission et à la glorifica-
tion d'une doctrine dont elle présente une
variante plus accessible et plus impressionnante,
mais en même temps moins précise. Lorsqu'elle
se libère de cette tutelle pesante, elle est aussitôt
rapportée aux critères anciens. À partir de la
Renaissance, on lui demande d'être belle, mais sa
beauté elle-même se définit par sa vérité et sa
contribution au bien. On se souvient du vers de
Boileau : « Rien n'est beau que le vrai, le vrai seul
est aimable. » Ces formules sont sans doute perçues comme insuffisantes, mais, plutôt que de les
rejeter, on se contente de les accommoder aux
circonstances.

Les temps modernes ébranleront cette conception de deux manières différentes, toutes deux
liées au regard nouveau qu'on porte sur la progressive sécularisation de l'expérience religieuse
et sur une sacralisation concomitante de l'art. La

première manière consiste à reprendre et revaloriser une ancienne image : l'artiste-créateur, comparable au Dieu créateur, engendre des ensembles cohérents et clos en eux-mêmes. Le Dieu du monothéisme est un être infini qui produit un univers fini ; en l'imitant, le poète s'apparente au dieu fabriquant des objets finis (la comparaison la plus fréquente est avec Prométhée). Ou encore, le génie humain, ici-bas, imite le Génie suprême, à l'origine de notre monde. L'idée d'imitation est maintenue, mais sa place n'est plus entre l'œuvre, produit fini, et le monde ; elle se situe maintenant dans l'action de produire, là un macrocosme, ici un microcosme, mais sans aucune obligation de ressemblance dans les résultats. Ce qui est exigé de chacun est la cohérence de sa création, non une quelconque correspondance avec ce qui n'est pas elle.

L'idée de l'œuvre comme microcosme reparaît dès les débuts de la Renaissance italienne, par exemple chez le cardinal Nicolas de Cues, théologien mais aussi philosophe, qui écrit au milieu du XVe siècle : « L'homme est un autre Dieu [...] en tant que créateur de la pensée et des œuvres d'art. » Leon Battista Alberti, théoricien des arts, affirme de son côté que l'artiste de génie, « peignant ou sculptant des êtres vivants, se distinguait comme un autre dieu parmi les mortels ». On dira parallèlement que Dieu est le premier des artistes : « Dieu est le poète suprême et le monde est son poème », affirme Landino,

néoplatonicien florentin. Cette image s'imposera
progressivement dans le discours sur les arts et
servira à glorifier le créateur humain. À partir du
XVIIIe siècle, elle orientera aussi le discours critique descriptif, grâce à l'influence d'une nouvelle
philosophie, celle de Leibniz, qui a introduit les
notions de monade et de monde possible : le
poète illustre ces catégories, puisqu'il crée un
monde parallèle au monde physique existant, un
univers indépendant mais tout aussi cohérent.

La seconde manière de rompre avec la vision
classique consiste à dire que le but de la poésie
n'est ni d'imiter la nature, ni d'instruire et de
plaire, mais de produire de la beauté. Or la
beauté se caractérise par le fait qu'elle ne conduit
à rien qui soit au-delà d'elle. Cette interprétation
de l'idée du beau, qui s'impose au XVIIIe siècle,
est elle-même une laïcisation de l'idée de divinité.
C'est en ces termes que, à la fin du IVe siècle,
saint Augustin décrit la différence entre les sentiments que l'on porte à Dieu et aux hommes :
de toute chose comme de tout être on peut *user*
en vue d'une fin qui les transcende, de Dieu seul
on doit se contenter de *jouir*, c'est-à-dire de
l'aimer pour lui-même. Il faut dire qu'en rame-
nant la distinction augustinienne entre user et
jouir dans le champ profane des activités purement humaines, les théoriciens du XVIIIe siècle ne
font qu'inverser le geste d'Augustin lui-même,
qui transposait dans le domaine religieux les catégories platoniciennes. C'est Platon qui définit le

souverain bien par le fait qu'il se suffit à lui-
même : celui qui en est animé possède, « de façon
pleine et entière, la suffisance la plus achevée » ;
de la sorte, il « n'a plus besoin de rien d'autre »[4].
C'est Platon qui invite à la contemplation désintéressée des idées, c'est de lui aussi qu'on se récla-
mera, vingt-deux siècles plus tard, pour
revendiquer une telle interprétation du beau. Ce
n'est donc plus le créateur qui, dans sa liberté,
est rapproché de Dieu, c'est l'œuvre dans sa perfection.

Résultat de ces mutations : au XVIIe et au
XVIIIe siècle, la contemplation esthétique, le jugement de goût, le sens du beau seront érigés en
entités autonomes. Non que les hommes des époques antérieures n'aient pas été sensibles à la
beauté de la nature comme à celle des ouvrages
d'art ; mais précédemment, à moins de se placer
dans la perspective platonicienne où le beau se
confond avec le vrai et le bien, ces expériences
ne constituent qu'une facette d'une activité dont
la finalité principale est ailleurs. Le paysan peut
admirer la belle forme de son outil agricole, mais
celui-ci doit avant tout être efficace. Le noble
apprécie les décorations de son palais, mais il leur
demande d'abord d'illustrer son rang aux yeux
de ses visiteurs. Le fidèle est enchanté par la
musique qu'il entend à l'église, par les images de
Dieu et des saints qu'il y voit, mais ces harmonies
et ces représentations sont mises au service de la
foi. Reconnaître une dimension esthétique dans

toutes sortes d'activités et de productions est un trait humain universel. Le fait nouveau, surgissant dans l'Europe du XVIIIᵉ siècle, sera d'isoler cet aspect secondaire d'activités multiples, et de l'ériger en incarnation d'une seule attitude, la contemplation du beau, attitude d'autant plus admirable qu'elle emprunte ses attributs à l'amour de Dieu. À la suite de quoi on demandera aux artistes de produire des objets qui lui sont exclusivement destinés. Cette perspective nouvelle sera élaborée dans les écrits de Shaftesbury et de Hutcheson en Angleterre ; elle aboutira à la fabrication du terme même d'« esthétique » (littéralement « science de la perception »), en 1750, dans un traité qu'Alexander Baumgarten consacrera à la nouvelle discipline.

Ce qu'il y a de révolutionnaire dans cette approche, c'est qu'elle conduit à abandonner la perspective du créateur pour adopter celle du récepteur qui, lui, n'a qu'un intérêt : contempler de beaux objets. Cette mutation a des conséquences multiples. Premièrement, elle sépare chaque « art » de l'activité dont il n'était que le degré superlatif ; celle-ci se trouve maintenant rejetée dans le domaine, radicalement différent, de l'artisanat ou de la technique. Vu dans la perspective de création ou de fabrication, l'artiste n'est qu'un artisan de meilleure qualité : les deux pratiquent le même métier avec plus ou moins de talent. Or, si l'on se place du côté de leur produit, l'artisan s'oppose à l'artiste, l'un créant des objets utilitaires, l'autre des objets à contempler pour le seul plaisir esthétique, l'un obéissant à son intérêt, l'autre demeurant désintéressé ; l'un se plaçant dans la logique d'*user*, l'autre dans celle de *jouir* ; et en fin de compte l'un restant purement humain, l'autre s'approchant du divin. Seconde conséquence : les arts sont réunis au sein d'une même catégorie, alors qu'ils restaient jusque-là attachés, chacun, à leur pratique d'origine. Poésie, peinture et musique ne peuvent être unifiées que si l'on se place dans l'optique de leur réception, qui relève de la même attitude désintéressée, appelée désormais esthétique.

Un terme comme « belles-lettres » garde encore cette connexion avec la pratique non artistique (il existe des « lettres » qui ne sont pas « belles »). De même pour « beaux-arts » : le souvenir des arts utilitaires, ou mécaniques, est encore fort. Une fois la nouvelle perspective adoptée, l'adjectif « beau » ne sera plus indispensable, l'expression deviendra un pléonasme, puisque « art » se définit maintenant par l'aspiration à la beauté. Les anciens traités sur l'art étaient pour l'essentiel des manuels de fabrication, des instructions adressées au poète, au peintre, au musicien. Dorénavant on s'attache à décrire le processus de perception, on analyse le jugement de goût, on évalue donc la valeur esthétique. L'enseignement des lettres, en France, illustre ce passage avec cent ans de retard : alors que jusqu'au milieu du XIXe siècle cet enseignement est issu de la rhétorique (on apprend comment écrire), à partir de ce moment il adopte la perspective de l'histoire littéraire (on apprend comment lire).

Conséquence immédiate : coupés du contexte de leur création, les arts exigent l'établissement de lieux où ils pourront être consommés. Pour les tableaux, on installera des salons, des galeries, des musées : le British Museum ouvre ses portes en 1733, les Uffizi et le Vatican en 1759, le Louvre en 1791. La réunification en un seul lieu de tableaux, destinés originellement à assumer les fonctions les plus diverses dans les églises, palais ou demeures de particuliers, les réserve maintenant à un usage unique : celui d'être contemplés et appréciés pour leur seule valeur esthétique. La hiérarchie entre sens et beauté est inversée : ce qui était souhaitable (la qualité d'exécution) devient nécessaire, ce qui était nécessaire (la référence théologique ou mythologique) ne sera plus que facultatif. Au point que la cimaise du musée ou de la galerie devient ce qui transforme un objet quelconque en œuvre d'art : pour que s'enclenche la perception esthétique il suffit que cet objet y soit exposé. L'enchaînement automatique entre ce genre de lieu et cette forme de perception s'est imposé avec évidence depuis que Marcel Duchamp a mis son fameux urinoir à un endroit destiné aux œuvres d'art : par son seul emplacement, il en est devenu une, alors que son processus de fabrication ne ressemble nullement à celui d'une sculpture ou d'un tableau.

En un mot, les deux mouvements qui transforment au XVIIIᵉ siècle la conception de l'art, l'assimilation du créateur à un dieu fabriquant un microcosme et l'assimilation de l'œuvre à un objet de pure contemplation, illustrent la progressive sécularisation du monde en Europe, tout en contribuant à une nouvelle sacralisation de l'art. À ce moment de l'histoire, l'art incarne à la fois la liberté du créateur et sa souveraineté, son autosuffisance, sa transcendance par rapport au monde. Chacun des mouvements consolide l'autre : la beauté se définit à la fois comme ce qui, sur le plan fonctionnel, n'a pas de fin pratique et comme ce qui, sur le plan structural, est organisé avec la rigueur d'un cosmos. L'absence de finalité externe est en quelque sorte compensée par la densité des finalités internes, c'est-à-dire des relations entre les parties et les éléments de l'œuvre. Grâce à l'art, l'individu humain peut atteindre l'absolu.

L'ESTHÉTIQUE DES LUMIÈRES

Quand on passe de la perspective de production à celle de réception, on accroît la distance qui sépare l'œuvre du monde dont elle parle et sur lequel elle agit, puisqu'on veut la percevoir maintenant en elle-même et pour elle-même. Cette évolution est à son tour liée à la profonde mutation que subit la société européenne à cette époque. L'artiste cesse progressivement de produire ses œuvres pour un mécène qui les lui commande, et les destine à un public qui les lui achète : c'est le public qui détient désormais les clés de son succès. Ce qui était réservé à quelques-uns est devenu accessible à tous ; ce qui était soumis à une hiérarchie rigide, celle de l'Église et du pouvoir civil, met maintenant à égalité tous ses consommateurs. L'esprit des Lumières est celui de l'autonomie de l'individu ;

l'art qui conquiert son autonomie participe du même mouvement. L'artiste devient une incarnation de l'individu libre, son œuvre s'émancipe à son tour.

En installant résolument l'art sous le régime du beau, les penseurs du XVIIIe siècle ne cherchent pas pour autant à le couper de ses relations au monde ; l'art n'est pas devenu étranger au vrai et au bien. Ils suivent en cela l'interprétation platonicienne : le beau matériel n'est que la manifestation la plus superficielle de la beauté, il renvoie à son tour à la beauté des âmes et de là à la beauté absolue et éternelle, qui englobe aussi bien les pratiques humaines quotidiennes, donc la morale, que la recherche de connaissances, donc la vérité. Shaftesbury, qui le premier transpose le vocabulaire religieux de la contemplation et de l'autosuffisance à la description de l'art, présente néanmoins celui-ci comme un moyen pour appréhender l'harmonie du monde et accéder à la sagesse. Il peut donc enchaîner : « Ce qui est beau est harmonieux et proportionnel. Ce qui est harmonieux et proportionnel est vrai, et ce qui est à la fois beau et vrai est, par conséquent, agréable et bon[5]. » Le processus de perception, l'action des sens n'épuise pas l'expérience dite esthétique, d'autant moins que l'art jugé habituellement exemplaire, la poésie, ne relève ni de l'ouïe ni de la vue, mais exige la mobilisation de l'esprit : la beauté de la poésie s'appuie sur son sens et ne peut être séparée de sa vérité.

Ces penseurs ne renoncent donc pas à lire les œuvres littéraires comme un discours sur le monde, mais cherchent plutôt à distinguer entre deux voies, celle des poètes et celle des savants (ou des philosophes), qui ont chacune ses avantages, sans que l'une soit une forme inférieure de l'autre : deux voies conduisant au même but, une meilleure compréhension de l'homme et du monde, et une plus grande sagesse. L'un des premiers à s'engager dans la confrontation de ces deux modes de connaissance sera le singulier philosophe, historien et rhétoricien de Naples, Giambattista Vico, qui distingue langage rationnel et langage poétique. Il projette, il est vrai, ce dernier dans les premiers âges de l'humanité, mais il conçoit aussi que les deux soient simultanés ; ils s'opposent entre eux comme l'universel et le particulier : « Il est impossible à l'homme d'être à la fois poète et métaphysicien sublime ; la raison poétique s'y oppose ; en effet, alors que la métaphysique détache l'esprit des sens, la faculté poétique veut au contraire l'y plonger ; alors que la métaphysique s'élève aux idées universelles, la faculté poétique s'attache aux cas particuliers », écrit-il dans la *Science nouvelle* (1730)[6].

Situer l'activité artistique par rapport à celle de la philosophie est également l'une des principales tâches que se donne Baumgarten dans ses

Méditations philosophiques sur la poésie (1735) et
dans son *Esthétique* (1750). Disciple de Leibniz,
il conçoit le poète comme créateur d'un monde
possible parmi d'autres, et légitime la perspective
esthétique, qui privilégie la perception au détriment de la création. Comme la science, l'esthétique a trait à la connaissance, mais (contrairement
à ce que suggèrent certaines formules) il ne s'agit
pas d'une connaissance inférieure : elle relève
d'un « analogue de la raison » et produit la
« connaissance sensible »[7]. Celle-ci est accessible
à tous les hommes et non aux seuls philosophes,
et elle nous révèle l'individualité de chaque
chose. La vérité à laquelle elle conduit est donc
d'une nature différente de celle des sciences : elle
ne s'établit pas seulement entre les mots et le
monde, mais implique l'adhésion de ses utilisa-
teurs ; le nom qui lui convient est celui de « vraisemblance » et son effet est « produit par la
cohérence interne du monde créé ». L'abstraction saisit le général au prix d'un appauvrisse-
ment du monde sensible ; la poésie capte sa
richesse, même si les conclusions auxquelles elle
aboutit manquent de netteté : ce qu'elle perd en
acuité, elle le gagne en vivacité.

Lessing, le grand auteur des Lumières alleman-
des qui consacrera plusieurs ouvrages à l'analyse
des arts, combine aussi deux thèses. D'une part,
ce qui fait la spécificité de l'œuvre d'art est qu'elle
aspire à produire la beauté, or la beauté se définit
comme une harmonie de ses éléments constitutifs

sans soumission à un objectif extérieur. D'autre part, l'œuvre participe d'un ensemble plus vaste de pratiques qui ont pour but de chercher la vérité du monde et de conduire les hommes vers la sagesse. Ainsi Lessing écrit-il dans le *Laokoon* (1766) : « Je voudrais qu'on n'appliquât le nom d'œuvres d'art qu'à celles où l'artiste peut vraiment se montrer en tant qu'artiste, où la beauté a été son dessein premier et dernier. Toute autre œuvre, où se montrent les traces perceptibles des conventions religieuses, ne mérite pas ce nom, parce que l'art n'y a pas été fabriqué pour lui-même mais n'a été qu'un moyen auxiliaire de la religion, qui s'est souciée davantage de la signification que de la beauté des représentations sensibles qu'elle s'est données [8]. » Dans ce passage contenant la formule « l'art pour lui-même », peut-être à l'origine de « l'art pour l'art », Lessing identifie la soumission aux exigences de beauté comme trait distinctif de l'art. Il ne renonce pas pour autant à inscrire l'art au sein des activités représentatives (« cette imitation qui est l'essence de l'art du poète », écrit-il), définissant même la peinture comme l'art qui « imite » dans l'espace, alors que la poésie « imite » dans le temps.

De même, dans la *Dramaturgie de Hambourg* (1767), Lessing compare le travail de l'écrivain à celui du Créateur fabriquant un monde cohérent – mais autonome, « un monde où les phénomènes seraient enchaînés dans un autre ordre qu'en celui-ci, mais n'y seraient pas moins étroitement enchaînés » ; où les incidents de l'action naissent avec nécessité des personnages, où les passions de chacun correspondent exactement à son caractère. En ce sens, l'œuvre échappe à son auteur qui écrit comme sous la dictée de ses propres personnages : leur vérité réside dans leur cohérence. Loin de Lessing, cependant, la tentation de voir dans l'œuvre d'art un jeu de construction qui trouverait sa fin en lui-même. « Écrire et imiter avec dessein est ce qui distingue le génie des petits artistes, qui écrivent pour écrire et imitent pour imiter, qui se contentent du petit plaisir attaché à l'usage de leurs moyens, qui font de ces moyens tout leur dessein. » Se soucier avant tout de beauté est ce qui distingue art et non-art ; mais se contenter de ce but ou aspirer à un dessein plus haut est ce qui sépare le petit du grand art, les tâcherons des génies : « Rien n'est grand de ce qui n'est pas vrai. »[9]

C'est pourquoi, après avoir pris la précaution de rappeler que la vérité poétique n'est pas celle des scientifiques mais se rapproche plutôt de la « vraisemblance » aristotélicienne, Lessing peut louer ses auteurs préférés précisément pour la vérité qu'ils permettent d'atteindre. Ce qui fait de Shakespeare un grand dramaturge, c'est qu'il a « une vue profonde sur l'essence de l'amour » : son *Othello* est un « manuel complet sur cette triste frénésie », la jalousie. Ce qu'Euripide a appris de Socrate n'est pas une doctrine philosophique ou des maximes morales, mais l'art de « connaître les hommes et se connaître soi-même ; être attentif à nos sensations ; rechercher et aimer en tout les voies de la nature les plus droites et les plus courtes ; juger de chaque chose d'après son dessein » [10]. Et c'est pour cela qu'Euripide, à son tour, a su écrire des tragédies immortelles.

L'ensemble de ces notions sera repris et refondu dans la *Critique de la faculté de juger* de Kant (1790), qui influencera à son tour toute la réflexion contemporaine sur l'art, en maintenant toujours cette double perspective : le beau est désintéressé, en même temps il est un symbole de la moralité. Le beau ne peut être établi objectivement, puisqu'il provient d'un jugement de goût et réside donc dans la subjectivité des lecteurs ou des spectateurs ; mais il peut être reconnu à l'harmonie des éléments de l'œuvre et faire l'objet d'un consensus.

On trouve un témoignage de l'impact immédiat de ces idées dans le journal intime de Benjamin Constant qui, accompagnant Germaine de Staël, séjourne au début de l'année 1804 à Weimar. À la date du 11 février, il note : « Dîner avec Robinson, écolier de Schelling. Son travail sur l'esthétique de Kant. Idées très ingénieuses. L'art pour l'art, et sans but ; tout but dénature l'art. Mais l'art atteint au but qu'il n'a pas. » C'est la première occurrence connue en français de l'expression « l'art pour l'art » ; mais on voit

aussitôt qu'il faut distinguer entre plusieurs sortes de « but » : celui que l'artiste se serait donné
à l'avance, avec l'intention de l'illustrer (équiva-
lant aux buts d'éducation religieuse que refusait
Lessing), et celui qui est inhérent à toute œuvre
d'art, en particulier aux plus grandes (les œuvres
des génies, opposés par Lessing aux petits artistes). Écrivant un quart de siècle plus tard sur la
tragédie, Constant précisera sa pensée : « La passion imprégnée de doctrine, et servant à des déve-
loppements philosophiques, est un contresens
sous le rapport artiste », mais cela ne signifie pas
que l'œuvre n'agit pas sur l'esprit de son lecteur :
« L'instruction ne sera pas le but mais l'effet du
tableau. »[11]

Ennemi du didactisme en littérature, Constant
ne la considère pas pour autant comme coupée
du monde : on n'est pas obligé de choisir entre
ces deux extrêmes. Il situe la pratique littéraire
au sein des autres discours publics, comme le
précise cette page qui date de 1807 : « La littérature tient à tout. Elle ne peut être séparée de
la politique, de la religion, de la morale. Elle est
l'expression des opinions des hommes sur chacune de ces choses. Comme tout dans la nature,
elle est à la fois effet et cause. La peindre comme
un phénomène isolé, c'est ne pas la peindre[12]. »
Par conséquent, la « poésie pure » n'existe pas :
toute poésie est nécessairement « impure », car
elle a besoin d'idées et de valeurs, or celles-ci ne
lui appartiennent pas en propre. Constant reste

en cela fidèle aux idées de sa compagne Germaine de Staël, qui a publié en 1800 un ouvrage intitulé significativement *De la littérature considérée dans ses rapports avec les institutions sociales*. Elle y prend la notion de littérature « dans son acception la plus large, c'est-à-dire renfermant en elle les écrits philosophiques et les ouvrages d'imagination, tout ce qui concerne enfin l'exercice de la pensée dans les écrits, les sciences physiques exceptées [13] ». Littérature d'imagination et écrits scientifiques ou philosophiques sont distingués, mais au sein d'un genre commun ; les uns et les autres dépendent du monde et agissent sur lui, contribuant à créer une société imaginaire habitée par les auteurs du passé et les lecteurs à venir.

DU ROMANTISME AUX AVANT-GARDES

Toute l'esthétique des Lumières, qu'incarnent à des degrés divers Shaftesbury, Vico, Baumgarten, Lessing, Kant, Germaine de Staël ou Benjamin Constant, parvient à maintenir cet équilibre instable : d'un côté, à la différence des théories classiques, elle déplace le centre de gravité de l'imitation à la beauté et affirme l'autonomie de l'œuvre d'art ; de l'autre, cette esthétique n'ignore nullement la relation qui lie les œuvres au réel : elles aident à le connaître et agissent sur lui en retour. L'art appartient toujours au monde commun des hommes. À cet égard, l'esthétique romantique qui s'imposera à partir du début du XIXe siècle n'introduit pas de rupture marquante. Aux yeux des premiers romantiques – ceux-là même que côtoient Mme de Staël et Constant : les frères Schlegel, Schelling, Novalis –, l'art reste

une connaissance du monde. Si nouveauté il y a,
elle est dans le jugement de valeur qu'ils portent
sur les différents modes de connaissance. Celle à
laquelle on accède par la voie de l'art leur paraît
supérieure à celle de la science : renonçant aux
procédés communs de la raison et empruntant le
chemin de l'extase, elle donne ainsi accès à une
réalité seconde, interdite aux sens et à l'intellect,
plus essentielle ou plus profonde que la première.
Il faut rappeler cependant qu'au même moment
le prestige de la science commence à croître ver-
tigineusement ; on ne sera pas surpris de voir que
la revendication romantique ne rencontre guère
un écho favorable dans la société contemporaine.

La doctrine même de « l'art pour l'art », qui
se développe alors en Europe en écho aux idées
venues d'Allemagne, ne doit pas être prise au
pied de la lettre. On pourrait croire, par exemple,
que Baudelaire, qui s'en fait le porte-parole dans
la seconde moitié du siècle, refuse d'envisager la
poésie comme voie pour la connaissance du
monde, puisqu'il déclare : « La poésie (...) n'a pas
la vérité pour objet, elle n'a qu'Elle-même. Les
modes de démonstration de vérité sont autres et
sont ailleurs. La Vérité n'a rien à faire avec les
chansons [14]. »

Cependant, tel n'est pas le sens profond de
l'engagement de Baudelaire. Il ne veut être que
poète ; mais c'est que, pour lui, être poète est une
mission impliquant de « hauts devoirs ». Si la
poésie ne doit pas se soumettre à la recherche de

la vérité et du bien, c'est parce qu'elle est elle-même porteuse d'une vérité et d'un bien supérieurs à ceux qu'on trouve en dehors d'elle. Baudelaire reste fidèle à Kant lorsqu'il affirme (dans une lettre à Toussenel) : « *L'imagination* est la plus *scientifique* des facultés, parce qu'elle seule comprend *l'analogie universelle* », ou quand il écrit : « L'imagination est la reine du vrai. » L'œuvre de l'artiste participe de la connaissance du monde. C'est pour cette raison que Baudelaire applaudit à sa capacité de « connaître les aspects de la nature et les situations de l'homme ». C'est pour cela aussi qu'il exige des peintres et des poètes ses contemporains d'être « modernes », de nous montrer poétiques « dans nos cravates et nos bottes vernies » ; et lui-même aspire à réaliser ce programme dans ses œuvres poétiques. Cette recherche de vérité n'explique pas tout dans un poème (on y trouve aussi les « besoins de monotonie, de symétrie et de surprise » [15]), mais elle est irréductible et, aux yeux de Baudelaire lui-même, primordiale.

Si les poètes ont vraiment pour mission de révéler aux hommes les lois secrètes du monde, on ne peut plus dire que la vérité n'a rien à voir avec leurs chansons. Baudelaire ne se contredit pas pour autant. L'art et la poésie ont bien trait à la vérité, mais cette vérité n'est pas de même nature que celle à laquelle aspire la science. Baudelaire pense à l'une de ces vérités quand il la revendique, à l'autre quand il la refuse. La science énonce des propositions dont on découvre qu'elles sont vraies ou fausses en les confrontant aux faits qu'elles cherchent à décrire. L'énoncé « Baudelaire a écrit *Les Fleurs du mal* » est vrai en ce sens du mot, tout comme l'est « l'eau bout à cent degrés », même s'il y a aussi des différences logiques entre ces deux propositions. Il s'agit là d'une *vérité de correspondance*, ou d'adéquation. Lorsqu'en revanche Baudelaire dit que « le Poète est semblable au prince des nuées », c'est-à-dire à l'albatros, il est impossible de procéder à une vérification, et pourtant Baudelaire ne dit pas n'importe quoi, il cherche à nous révéler l'identité du poète ; cette fois-ci, il aspire à une *vérité de dévoilement*, il tente de mettre en évidence la nature d'un être, d'une situation, d'un monde. À chaque fois, un rapport s'établit entre mots et monde, pourtant les deux vérités ne se confondent pas. À un autre moment, Baudelaire indique un moyen pour distinguer les deux types de connaissance, en décrivant le travail de l'artiste : « Il ne s'agit pas pour lui de copier, mais d'interpréter dans une langue plus simple et plus lumineuse. » De la même manière, il dira que le poète n'est rien d'autre qu'« un traducteur, un déchiffreur »[16]. La différence se situerait donc entre copier (ou décrire) et interpréter.

On peut en conclure que non seulement l'art conduit à la connaissance du monde, mais il révèle en même temps l'existence de cette vérité dont la nature est différente. En réalité, celle-ci ne lui appartient pas exclusivement, puisqu'elle constitue l'horizon des autres discours interprétatifs : histoire, sciences humaines, philosophie. La beauté elle-même n'est une notion ni objective (pouvant être établie grâce à des indices matériels), ni subjective, c'est-à-dire relevant du jugement arbitraire de chacun ; elle est intersubjective, appartenant donc à la communauté humaine. Or la beauté d'un texte littéraire n'est rien d'autre que sa vérité. Tel était déjà le sens du fameux vers de Keats : « *Beauty is Truth, Truth is Beauty.* »

Il en va de même des autres représentants de la doctrine de « l'art pour l'art ». Flaubert, qui défend avec acharnement l'autonomie de la littérature, ne manque pas de rappeler en même temps sa passion pour la connaissance du monde, mise au service de la création ; ni de dire que la vérité d'une œuvre est indissociable de sa perfection. « C'est pour cela que l'art est la Vérité même [17]. » Oscar Wilde, porte-parole le plus exubérant de la doctrine dans les lettres anglaises, multiplie les formules péremptoires sur l'autonomie de l'art ; pourtant, en affirmant que « la Vie imite l'art bien plus que l'Art n'imite la vie », il ne nie nullement la relation entre les deux. L'art interprète le monde et donne forme à l'informe, de sorte qu'une fois éduqués par l'art nous découvrons des facettes ignorées des objets et des êtres qui nous entourent. Turner n'a pas inventé le brouillard de Londres mais a été le premier à l'avoir perçu en lui-même et à l'avoir montré dans ses tableaux – en quelque sorte, il nous a ouvert les yeux. Il en va de même de la littérature : Balzac « crée » ses personnages plus qu'il ne les trouve, mais, une fois créés, ils s'introduisent dans la société contemporaine et, depuis, nous ne cessons de les côtoyer. La vie en elle-même est « terriblement dépourvue de forme ». De cette absence découle le rôle de l'art : « La fonction de la littérature est de créer, en partant du matériau brut de l'existence réelle, un monde neuf qui sera plus merveilleux, plus durable et plus vrai que le monde que voient les yeux du vulgaire ». [18] Or créer un monde plus vrai implique que l'art ne rompe pas sa relation au monde.

Ce n'est qu'au début du XXᵉ siècle que se produira la rupture décisive. Elle est due pour une part à l'impact des thèses radicales de Nietzsche, qui met en question l'existence même de faits indépendants de leurs interprétations et celle de la vérité, quelle qu'elle soit. À partir de ce moment non seulement la prétention de la littérature à la connaissance n'est plus légitime, mais le discours de la philosophie et de la science se trouve frappé du même soupçon. Cette nouvelle attitude envers l'art rejoint en même temps l'extrémisme de certains auteurs du XVIIIᵉ siècle, qui n'avaient pas été suivis par leurs contemporains. Ainsi de Winckelmann déclarant : « Le but du vrai art n'est pas l'imitation de la nature mais la création de la beauté » et écartant ainsi toute dimension cognitive de l'œuvre. De même, quand Karl Philipp Moritz écrit : « Dans la mesure où un corps est beau, il ne doit signifier rien, ne parler de rien qui lui soit *extérieur* ; il ne doit parler, à l'aide de ses surfaces extérieures, que de lui-même, de son être intérieur, il doit devenir signifiant par lui [19] », et qu'en même temps il définit l'œuvre d'art par sa soumission exclusive aux exigences du beau, il élimine toute question relative au rapport que cette œuvre entretient avec le monde.

Ce faisant, ces théoriciens retombent dans le monisme caractéristique de l'esthétique classique, qui voulait tout expliquer par un seul principe, l'imitation, sauf que le nouveau principe unique s'appelle beauté. La complexité entr'aperçue au XVIIIe et au XIXe siècle est de nouveau perdue et cette perte se traduit immédiatement dans le champ de la littérature elle-même, où se produit une rupture inconnue jusqu'alors. Désormais, un abîme se creuse entre littérature de masse, production populaire en prise directe avec la vie quotidienne de ses lecteurs ; et littérature d'élite, lue par les professionnels – critiques, professeurs, écrivains – qui ne s'intéressent qu'aux seules prouesses techniques de ses créateurs. D'un côté le succès commercial, de l'autre les qualités purement artistiques. Tout se passe comme si l'incompatibilité des deux allait de soi, au point que l'accueil favorable réservé à un livre par un grand nombre de lecteurs devient le signe de sa défaillance sur le plan de l'art et provoque le mépris ou le silence de la critique. L'époque où la littérature savait incarner un subtil équilibre entre représentation du monde commun et perfection de la construction romanesque semble révolue.

C'est dans les mouvements dits « d'avant-garde » au début du XXe siècle (qui représentent une sous-espèce de ce qu'on identifie comme l'« art moderne ») que se montrera au grand jour la nouvelle conception. Ces mouvements se manifestent pour la première fois en Russie autour de 1910 : ce sont les débuts de l'abstraction en peinture, des inventions futuristes en poésie. On demande à la peinture d'oublier le monde matériel et de n'obéir qu'à ses propres lois – et elle le fait. Le peintre Mikhaïl Larionov, créateur du « rayonnisme », écrit dans un manifeste de 1913 : « Les objets que nous voyons dans la vie ne jouent aucun rôle dans le tableau rayonniste. Par contre l'attention est attirée par ce qui est l'essence même de la peinture : les combinaisons de couleurs, leur concentration (...). Nous assistons ici au commencement de la véritable libération de la peinture, de sa vie uniquement d'après ses propres lois, de la peinture but en soi, ayant ses propres formes, couleurs et timbres. » Kasimir Malevitch, fondateur du « suprématisme », déclare de son côté en 1916 qu'il faut considérer « la peinture comme une action qui a son propre but ».

Les tableaux abstraits de Kandinsky, il est vrai, gardent un rapport avec le monde, puisque les formes dans le tableau désignent les catégories de l'esprit ; de même, les carrés, ronds et croix de Malevitch visent, une fois écartées les apparences « trompeuses » qui s'offrent au regard, à révéler l'ordre cosmique véritable. Il n'en reste pas moins que le monde phénoménal, celui accessible aux yeux de tous, n'est plus pris en considération. Au même moment, les « ready-made » de Duchamp rendent vaine toute recherche de sens et de vérité. En poésie, les futuristes souhaitent émanciper le langage de son rapport au réel et donc au sens, ils créent une langue « transmentale ». Velimir Khlebnikov défend « le verbe autonome », « le mot comme tel », voire « la lettre comme telle ». Benedikt Livchits écrit dans son article « La libération du mot » (1913) : « Notre poésie (...) ne se met dans absolument aucun rapport avec le monde [20]. » L'intersubjectivité, qui repose sur l'existence d'un monde commun et d'un sens commun, cède la place à la pure manifestation de l'individu.

Le carnage de la Première Guerre mondiale et ses conséquences politiques exerceront une double influence sur les pratiques artistiques comme sur les discours théoriques qui en rendent compte. Au sein des régimes totalitaires qui se sont installés à la suite de la guerre, en Russie, en Italie, plus tard en Allemagne, mais aussi, plus marginalement, au sein d'autres pays européens,

on voudra mettre l'art au service d'un projet uto-
piste de fabrication d'une société entièrement
nouvelle et d'un homme nouveau. Le réalisme
socialiste, l'art du « peuple », la littérature de
propagande exigent le maintien d'une relation
forte avec la réalité environnante et, surtout, la
soumission aux objectifs politiques du moment,
bien contraire à toute proclamation d'autonomie
artistique et à toute recherche solitaire du beau.
L'art doit, comme l'exigeait l'esthétique classique, plaire (un peu) mais, surtout, instruire. Bon
nombre d'artistes répondront avec enthousiasme
à cette demande, d'autant plus volontiers qu'eux-
mêmes appellent la révolution de leurs vœux.

En même temps, mais dans d'autres lieux, là
où règne la liberté d'expression, on engagera un
combat contre ces empiétements sur l'autonomie
de l'individu et on affirmera qu'art et littérature
n'entretiennent aucun rapport significatif avec le
monde. Tel est le présupposé commun des Formalistes russes (combattus et bientôt réprimés
par le régime bolchevique), des spécialistes d'études stylistiques ou « morphologiques » en Allemagne, des disciples de Mallarmé en France, des
tenants du *New Criticism* aux États-Unis. Tout
se passe comme si le refus de voir l'art et la
littérature asservis à l'idéologie entraînait nécessairement la rupture définitive entre littérature et
pensée ; comme si le rejet des théories marxistes
du « reflet » exigeait la disparition de tout rapport entre l'œuvre et le monde. À l'utopisme des

uns correspond le formalisme des autres ; de sur-
croît, les uns et les autres aiment présenter leurs
adversaires comme l'unique alternative à leur
propre point de vue. Et ce formalisme se double
déjà d'un nihilisme, nourri par la vision des
désastres qui marquent l'histoire européenne du
siècle passé.

Nous voici revenus au présent. Les sociétés
occidentales de la fin du XXe et du début du
XXIe siècle se caractérisent par la coexistence plus
ou moins pacifique d'idéologies différentes, et
donc aussi de conceptions de l'art concurrentes.
On y trouve toujours des tenants de l'utopisme,
tout comme des fidèles de l'esthétique humaniste
des Lumières. Il n'en reste pas moins que, tout
en se réclamant de la contestation et de la sub-
version, en tout cas en France, les représentants
de la triade formalisme-nihilisme-solipsisme
occupent des positions idéologiquement domi-
nantes. Ils sont majoritaires dans les rédactions
des journaux littéraires, parmi les directeurs des
théâtres subventionnés ou des musées. Pour eux,
la relation apparente des œuvres au monde n'est
qu'un leurre. Si l'on expose un artiste figuratif
(tel Bonnard), on mettra en garde le public naïf :
« La démonstration vise ici, affirme le catalogue
de son exposition en 2006, à révéler d'abord son
vrai sujet, la peinture, au-delà des sujets-prétex-
tes. » Si l'on admet qu'une œuvre parle du
monde, on exigera en tout cas qu'elle élimine les
« bons sentiments » et nous révèle l'horreur

définitive de la vie, sans quoi elle risque d'appa-
raître comme « insupportablement niaise ». Ou,
pire encore, qu'elle s'apparente à la littérature
« populaire », celle dont la réputation est faite
plus par les lecteurs que par les critiques. Il est
vrai que certains auteurs parviennent à s'imposer
à l'attention générale alors qu'ils ne correspondent pas à ce modèle ; de même, et pour m'en
tenir toujours à la France, les livres venus de
l'étranger, et en particulier de continents autres
que l'Europe, ne participent pas de cet esprit. Il
reste que la forte présence dans les institutions,
les médias, l'enseignement de cette conception à
la française produit une image singulièrement
appauvrie de l'art et de la littérature.

QUE PEUT LA LITTÉRATURE ?

Dans son *Autobiographie*, publiée au lendemain de sa mort en 1873, John Stuart Mill raconte la sévère dépression dont il a été l'objet dans sa vingtième année. Il est devenu « insensible à toute jouissance comme à toute sensation agréable, dans un de ces malaises où tout ce qui plaît à d'autres moments devient insipide et indifférent ». Tous les remèdes qu'il essaie s'avèrent inefficaces, et sa mélancolie s'installe dans la durée. Il continue d'accomplir mécaniquement les gestes habituels, mais sans rien ressentir. Cet état douloureux se prolonge pendant deux ans. Puis, petit à petit, il se dissipe. Un livre que Mill lit par hasard à ce moment joue un rôle particulier dans sa guérison : c'est un recueil de poèmes de Wordsworth. Il y trouve l'expression de ses propres sentiments sublimés par la beauté des vers. « Ils me parurent comme une source où je puisais la joie intérieure, les plaisirs de la sympathie et de l'imagination, que tous les êtres humains pouvaient partager [...]. J'avais besoin qu'on me fît sentir qu'il y a dans la contemplation tranquille des beautés de la nature un bonheur vrai et permanent. Wordsworth me l'apprit non seulement sans me détourner de la considération des sentiments ordinaires et de la destinée commune de l'humanité, mais en redoublant l'intérêt que j'y portais[21]. »

Près de cent vingt ans plus tard, une jeune femme se trouve enfermée en prison, à Paris : elle a conspiré contre l'occupant allemand, elle a été arrêtée. Charlotte Delbo est seule dans sa cellule ; soumise au régime des « Nuit et brouillard », elle n'a pas droit aux livres. Mais sa compagne de dessous, elle, peut emprunter des ouvrages à la bibliothèque. Alors, Delbo tisse une tresse avec des fils tirés de sa couverture et fait monter par la fenêtre un livre. Dès cet instant, Fabrice del Dongo habite aussi sa cellule. Il ne parle pas beaucoup, pourtant il lui permet de rompre la solitude. Quelques mois plus tard, dans le wagon à bestiaux qui la conduit vers Auschwitz, il disparaît, mais Delbo entend une autre voix, celle d'Alceste le misanthrope, qui lui explique en quoi consiste l'enfer vers lequel elle se dirige et lui montre l'exemple de la solidarité. Au camp, d'autres héros assoiffés d'absolu lui rendent visite : Électre, Dom Juan, Antigone. Une éternité plus tard, de retour en France, Delbo peine à revenir à la vie : la lumière aveuglante d'Auschwitz a balayé toute illusion, interdit toute imagination, déclaré faux les visages et les livres... jusqu'au jour où Alceste revient et l'entraîne par sa parole. Face à l'extrême, Charlotte Delbo découvre que les personnages des livres peuvent devenir des compagnons fiables. « Les créatures du poète, écrit-elle, sont plus vraies que les créatures de chair et de sang parce qu'elles sont inépuisables. C'est pourquoi ils sont mes amis, mes compagnons, ceux grâce à qui nous sommes reliés aux autres humains, dans la chaîne des êtres et dans la chaîne de l'histoire [22]. »

Je n'ai rien vécu d'aussi dramatique que Charlotte Delbo, je n'ai même pas connu les affres de la dépression décrites par John Stuart Mill, pourtant je ne peux me passer des mots des poètes, des récits des romanciers. Ils me permettent de donner forme aux sentiments que j'éprouve, d'ordonner le fleuve des menus événements qui constituent ma vie. Ils me font rêver, trembler d'inquiétude ou désespérer. Quand je suis plongé dans le chagrin, je ne peux lire que la prose incandescente de Marina Tsvetaeva, tout le reste me paraît fade. Un autre jour, je découvre une dimension de la vie seulement pressentie auparavant et je la reconnais pourtant immédiatement comme vraie : je vois Nastassia Philipovna à travers les yeux du prince Mychkine, « l'idiot » de Dostoïevski, je marche avec lui dans les rues

désertes de Saint-Pétersbourg, poussé par la fiè-
vre d'une imminente attaque d'épilepsie. Et je
ne peux m'empêcher de me demander : pourquoi
Mychkine, le meilleur des hommes, celui qui
aime les autres plus que lui-même, doit-il termi-
ner son existence réduit à la débilité, enfermé
dans un asile psychiatrique ?

La littérature peut beaucoup. Elle peut nous
tendre la main quand nous sommes profondément déprimés, nous conduire vers les autres
êtres humains autour de nous, nous faire mieux
comprendre le monde et nous aider à vivre. Ce
n'est pas qu'elle soit, avant tout, une technique
de soins de l'âme ; toutefois, révélation du
monde, elle peut aussi, chemin faisant, transfor-
mer chacun de nous de l'intérieur. La littérature
a un rôle vital à jouer ; mais pour cela il faut la
prendre en ce sens large et fort qui a prévalu en
Europe jusqu'à la fin du XIXe siècle et qui est
marginalisé aujourd'hui, alors qu'est en train de
triompher une conception absurdement réduite.
Le lecteur ordinaire, qui continue de chercher
dans les œuvres qu'il lit de quoi donner sens à sa
vie, a raison contre les professeurs, critiques et
écrivains qui lui disent que la littérature ne parle
que d'elle-même, ou qu'elle n'enseigne que le
désespoir. S'il n'avait pas raison, la lecture serait
condamnée à disparaître à brève échéance.

Comme la philosophie, comme les sciences
humaines, la littérature est pensée et connaissance du monde psychique et social que nous

habitons. La réalité que la littérature aspire à comprendre est, tout simplement (mais, en même temps, rien n'est plus complexe), l'expérience humaine. C'est pourquoi on peut dire que Dante ou Cervantès nous apprennent au moins autant sur la condition humaine que les plus grands sociologues et psychologues, et qu'il n'y a pas d'incompatibilité entre le premier savoir et le second. Tel est le « genre commun » de la littérature ; mais elle a aussi des « différences spécifiques ». On vient de voir que les penseurs de l'époque des Lumières comme de l'âge romantique ont tenté de les identifier ; reprenons leurs suggestions – en les complétant par d'autres.

Une première distinction sépare le particulier et le général, l'individuel et l'universel. Que ce soit par le monologue poétique ou par le récit, la littérature fait vivre des expériences singulières ; la philosophie, elle, manie des concepts. L'une préserve la richesse et la diversité du vécu, l'autre favorise l'abstraction, qui lui permet de formuler des lois générales. C'est ce qui fait qu'un texte est plus ou moins facile à absorber. L'*Idiot* de Dostoïevski peut être lu et compris par d'innombrables lecteurs, provenant d'époques et de cultures fort différentes ; un commentaire philosophique du même roman ou de la même thématique ne serait accessible qu'à la minorité habituée à fréquenter ce genre de texte. Cependant, pour ceux qui les comprennent, les propos du philosophe ont l'avantage de présenter des

propositions sans équivoque, alors que les péri-
péties vécues par les personnages du roman ou
les métaphores du poète se prêtent à des interprétations multiples.

En figurant un objet, un événement, un caractère, l'écrivain n'assène pas une thèse, mais incite
le lecteur à la formuler : il propose plutôt qu'il
n'impose, il laisse donc son lecteur libre et en
même temps l'incite à devenir plus actif. Par un
usage évocateur des mots, par un recours aux
histoires, aux exemples, aux cas particuliers,
l'œuvre littéraire produit un tremblement de
sens, elle met en branle notre appareil d'interprétation symbolique, réveille nos capacités
d'association et provoque un mouvement dont
les ondes de choc se poursuivent longtemps après
le contact initial. La vérité des poètes ou celle des
autres interprètes du monde ne peut prétendre
au même prestige que celle de la science, puisque,
pour être confirmée, elle a besoin de l'approba-
tion de très nombreux êtres humains, présents et
à venir ; en effet, le consensus public est le seul
moyen de légitimer le passage entre, disons,
« j'aime cette œuvre » et « cette œuvre dit vrai ».
À l'inverse, le discours du savant, qui aspire à
une vérité de correspondance et se présente
comme une affirmation, peut être soumis à la
vérification immédiatement – il sera réfuté ou
(provisoirement) confirmé. Nous n'avons pas
besoin d'attendre des siècles, d'interroger les lecteurs de tous les pays pour savoir si l'auteur dit

vrai ou non. Les arguments avancés appellent ici des contre-arguments : on s'engage dans un débat rationnel au lieu d'en rester à l'admiration et à la rêverie. Le lecteur de ce texte-là risque moins de confondre séduction et justesse.

À tout moment, le membre d'une société est immergé dans un ensemble de discours qui se présentent à lui comme des évidences, des dogmes auxquels il devrait adhérer. Ce sont les lieux communs d'une époque, les idées reçues qui composent l'opinion publique, les habitudes de pensée, poncifs et stéréotypes, qu'on peut appeler aussi « idéologie dominante », préjugés ou clichés. Depuis l'époque des Lumières, nous pensons que la vocation de l'être humain exige de lui qu'il apprenne à penser par lui-même, au lieu de se contenter des visions du monde toutes faites qu'il trouve autour de lui. Mais comment y parvenir ? Dans l'*Émile*, Rousseau désigne ce processus d'apprentissage par l'expression « éducation négative » et suggère de garder l'adolescent loin des livres, afin de lui éviter toute tentation d'imiter les opinions des autres. On peut toutefois raisonner autrement, puisque les idées reçues, surtout de nos jours, n'ont pas besoin de livres pour s'installer à demeure chez le jeune sujet : la télévision est déjà passée par là ! Les livres qu'il s'approprie, en revanche, pourraient l'aider à quitter les fausses évidences et à libérer son esprit. La littérature a un rôle particulier à jouer ici : à la différence des discours

religieux, moraux ou politiques, elle ne formule
pas un système de préceptes ; pour cette raison,
elle échappe aux censures qui s'exercent sur les
thèses formulées en toutes lettres. Les vérités
désagréables – pour le genre humain auquel nous
appartenons ou pour nous-mêmes – ont plus de
chances d'accéder à l'expression et d'être enten-
dues dans une œuvre littéraire que dans un
ouvrage philosophique ou scientifique.

Dans une étude récente[23], le philosophe américain Richard Rorty a proposé de caractériser
différemment la contribution de la littérature à
notre compréhension du monde. Il récuse l'usage
de termes comme « vérité » ou « connaissance »
pour décrire cet apport, et affirme que la littérature remédie moins à notre ignorance qu'elle ne
nous guérit de notre « égotisme », entendu
comme l'illusion d'une autosuffisance. La lecture
des romans, selon lui, se rapproche moins de
celle des ouvrages scientifiques, philosophiques
ou politiques que d'un tout autre type d'expérience : celle de la rencontre avec d'autres individus. Connaître de nouveaux personnages est
comme rencontrer de nouvelles personnes, avec
cette différence que nous pouvons d'emblée les
découvrir de l'intérieur, chaque action du point
de vue de son auteur. Moins ces personnages
nous ressemblent et plus ils élargissent notre
horizon, donc enrichissent notre univers. Cet
élargissement intérieur (semblable à certains
égards à celui que nous apporte la peinture

figurative) ne se formule pas en propositions abstraites, et c'est pourquoi nous avons tant de mal à le décrire ; il représente plutôt l'inclusion dans notre conscience de nouvelles manières d'être, à côté de celles que nous possédions déjà. Un tel apprentissage ne change pas le contenu de notre esprit, mais le contenant lui-même : l'appareil de perception plutôt que les choses perçues. Ce que les romans nous donnent est, non un nouveau savoir, mais une nouvelle capacité de communication avec des êtres différents de nous ; en ce sens, ils participent plus de la morale que de la science. L'horizon ultime de cette expérience n'est pas la vérité mais l'amour, forme suprême du rapport humain.

Faut-il décrire la compréhension élargie du monde humain, à laquelle nous accédons par la lecture d'un roman, comme la correction de notre égocentrisme, ainsi que le veut la description suggestive de Rorty ? Ou bien comme la découverte d'une nouvelle vérité de dévoilement, vérité nécessairement partageable par d'autres hommes ? La question terminologique ne me paraît pas être de première importance, pourvu que l'on accepte la forte relation qui s'établit entre le monde et la littérature, ainsi que la contribution spécifique de celle-ci par rapport au discours abstrait. La frontière, comme le remarque du reste Rorty, sépare le texte d'argumentation non du texte d'imagination, mais de tout discours narratif, qu'il soit fictif ou véridique, dès lors qu'il décrit un univers humain particulier autre que celui du sujet : l'historien, l'ethnographe, le journaliste se retrouvent ici du même côté que le romancier. Tous, ils participent à ce que Kant, dans un chapitre fameux de la *Critique de la faculté de juger*, considérait comme un pas obligé de la marche vers un sens commun, autant dire vers notre pleine humanité : « Penser en se mettant à la place de tout autre être humain[24]. » Penser et sentir en adoptant le point de vue des autres, personnes réelles ou personnages littéraires, est l'unique moyen de tendre vers l'universalité, et nous permet donc d'accomplir notre vocation. C'est pourquoi il faut encourager la lecture par tous les moyens – y compris celle de livres que le critique professionnel considère avec condescendance, sinon avec mépris, depuis *Les Trois Mousquetaires* jusqu'à *Harry Potter* : non seulement ces romans populaires ont amené à la lecture des millions d'adolescents, mais de plus ils leur ont permis de se construire une première image cohérente du monde, que, rassurons-nous, les lectures suivantes amèneront à nuancer et à complexifier.

Une communication inépuisable

L'horizon dans lequel s'inscrit l'œuvre littéraire, c'est la vérité commune de dévoilement ou, si l'on préfère, l'univers élargi auquel on parvient en rencontrant un texte narratif ou poétique. Être véridique, en ce sens du mot, est l'unique exigence légitime qu'on puisse lui adresser ; mais, comme l'a vu Rorty, cette vérité-là a partie liée avec notre éducation morale. Je voudrais revenir ici, pour la dernière fois, à une page de l'histoire littéraire et relire un célèbre échange sur les relations entre littérature, vérité et morale, celui dans lequel s'engagent George Sand et Gustave Flaubert. Les deux écrivains sont de bons amis, ils se portent mutuellement grande affection et profond respect ; pourtant, ils savent aussi qu'ils ne partagent pas la même conception de la littérature. À la fin de 1875 et au début de 1876,

quelques mois seulement avant la mort de Sand,
ils échangent plusieurs lettres remarquables à ce
sujet, dans lesquelles ils essaient de préciser la
nature de leur désaccord.

Une lecture superficielle pourrait faire croire
que Sand demande à la littérature de se soumettre à la morale, alors que Flaubert se réclame du
seul rapport à la vérité. Et il est exact que certaines formules de Sand l'entraînent sur cette
pente, en la montrant essentiellement occupée de
l'effet que leurs œuvres produisent sur le lecteur :
« Tu vas faire de la *désolation* et moi de la *conso-
lation* », dit-elle, puisque lui rend les gens qui le
lisent plus tristes, alors qu'elle voudrait qu'ils
soient moins malheureux. À cela Flaubert rétor-
que que son but est la seule vérité. « Je me suis
toujours efforcé d'aller dans l'âme des choses. »
Si le désaccord entre les deux en restait là, il serait
de peu d'intérêt, et nous serions tentés de donner
raison à Flaubert : le lecteur d'aujourd'hui, lui
non plus, ne croit pas que la fonction première
de la littérature soit d'assécher les larmes. Mais
Sand dépasse rapidement ce point de départ
pour centrer le débat sur deux sujets plus essen-
tiels : la place de l'écrivain dans son œuvre et la
nature de la vérité à laquelle il accède.

Sand regrette que Flaubert ne se montre pas
davantage dans ses écrits, or celui-ci a fait de sa
non-intervention dans le roman un principe ne
souffrant aucune exception. Mais Sand revient à
la charge : ce n'est pas vraiment son absence de

l'œuvre qu'elle lui reproche, du reste elle croit cette absence impossible, car on ne peut séparer la chose vue de la vision subjective. « On ne peut pas avoir une philosophie dans l'âme sans qu'elle se fasse jour. [...] La vraie peinture est pleine de l'âme qui pousse la brosse. » Dans ses réponses, Flaubert acquiesce : il sait bien qu'il ne manque pas de convictions, et que celles-ci imprègnent son œuvre. Il sait aussi que son souci de vérité aura nécessairement un effet moral. « Du moment qu'une chose est Vraie, elle est bonne. Les livres obscènes ne sont même immoraux que parce qu'ils manquent de vérité. » Ce qu'il demande en revanche, c'est que ces idées ne soient pas épelées en toutes lettres, mais soient seulement suggérées par le récit : c'est au lecteur de tirer d'« un livre la moralité qui doit s'y trouver ». Si cela ne se produit pas, c'est que le livre est mauvais ou que le lecteur est un imbécile !

Cependant, la véritable critique de Sand est ailleurs : ce qu'elle déplore n'est pas l'absence de Flaubert de son œuvre, c'est la nature de sa présence. Elle aime et apprécie son ami ; or elle ne retrouve pas l'homme qu'elle connaît dans celui qui habite ses œuvres. « Nourris-toi des idées et des sentiments amassés dans ta tête et dans ton cœur [...]. Toute ta vie d'affection, de protection et de bonté charmante et simple, prouve que tu es le particulier le plus convaincu qui existe. Mais, dès que tu manies la littérature, tu veux, je ne sais pourquoi, être un autre homme. » Ce qu'elle lui reproche, en somme, est de ne pas laisser de place à l'intérieur de son œuvre pour des êtres comme lui, et donc de ne pas produire un tableau assez fidèle du monde. L'exigence première de Sand concerne également le Vrai, non le Bien. Le but de la littérature est de représenter l'existence humaine ; mais l'humanité inclut aussi l'auteur et son lecteur. « Vous ne pouvez pas vous abstraire de cette contemplation ; car l'homme, c'est vous, et les hommes, c'est le lecteur. Vous aurez beau faire, votre récit est une causerie entre vous et lui. » Le récit est nécessairement enchâssé dans un dialogue dont les hommes sont non seulement l'objet, mais aussi les protagonistes.

Sand sait que Flaubert s'efforce par-dessus tout d'être vrai, même si la voie qu'il a choisie passe par un travail acharné sur la forme, car il croit en une harmonie secrète, un rapport nécessaire entre forme et fond. Telle est sa méthode : « Quand je découvre une mauvaise assonance ou une répétition dans une de mes phrases, je suis sûr que je patauge dans le Faux. » Ce n'est pas cette méthode qui la dérange ; pour elle, le débat ne porte pas sur la manière de chercher mais sur la nature de la trouvaille. Les écrivains comme Flaubert « ont plus d'étude et de talent que moi. Seulement je crois qu'il leur manque, et à toi surtout, une vue bien arrêtée et bien étendue sur la vie ». Le tableau de vie qui ressort des livres de Flaubert n'est pas assez vrai car il est trop systématique, et donc monocorde. « Je veux voir l'homme tel qu'il est. Il n'est pas bon ou mauvais. Il est bon *et* mauvais. Mais il est quelque chose encore, la nuance, la nuance qui est pour moi le but de l'art. » Elle y revient dans sa lettre suivante : « La vraie réalité est mêlée de beau et de laid, de terne et de brillant. »[25] Ceux qu'on appelle à l'époque réalistes ont fait un choix qui trahit la réalité : ils obéissent à une convention arbitraire qui leur enjoint de ne représenter que la face noire du monde. Les nihilistes trahissent non le Bien mais le Vrai.

La source de cette différence entre Sand et Flaubert est dans leur philosophie même. Flaubert, qui déclarait à son amante Louise Collet « j'ai la vie en haine », ou encore « la vie n'est tolérable qu'à la condition de n'y jamais être »[26], ressemble aux yeux de George Sand à un « catholique qui aspire au dédommagement », puisqu'il déteste et maudit la vie comme s'il y avait une alternative, comme si la « vraie vie » était ailleurs. Flaubert agit comme s'il attendait une existence meilleure dans l'au-delà. Il a adopté sans le clamer la doctrine augustinienne selon laquelle le monde visible est déchu et les hommes sont méprisables, alors que le salut les attend dans la cité de Dieu. Sand, elle, aime chaque jour davantage la vie présente. « Quant à moi, je veux graviter jusqu'à mon dernier souffle, non avec la certitude ou l'exigence de trouver ailleurs une *bonne place*, mais parce que ma seule jouissance est de me maintenir avec les miens dans le chemin qui monte. » Cette sagesse apporte le « *bonheur*, c'est-à-dire l'acceptation de la vie quelle qu'elle soit ». C'est ce que Sand appelle aussi l'« innocent plaisir de vivre pour vivre » [27].

Le désaccord n'est donc pas entre deux idéaux différents : Flaubert et Sand reconnaissent chacun que la littérature aspire avant tout à une forme de vérité. Il est dans le jugement porté sur la véracité des récits. Là-dessus Flaubert ne peut que constater son impuissance à aller plus loin. « Je ne peux pas changer mes yeux ! » « Vous avez beau me prêcher, je ne peux pas avoir un autre tempérament que le mien. » Sand à son tour doit l'admettre : on ne choisit pas tout à fait librement d'être ce qu'on est, et même des personnes aussi bienveillantes l'une pour l'autre que Flaubert et Sand ne peuvent suivre aisément les conseils reçus. Les recommandations qu'elle adresse à Flaubert nous paraissent, de ce fait, un peu futiles. Pourtant, en s'engageant dans l'écriture d'*Un cœur simple*, ce dernier annonce à sa correspondante : « Vous reconnaîtrez votre influence immédiate. »

À travers l'évocation de cet échange ancien, on peut voir que, malgré les divergences d'interprétation, une même conception de la littérature continue de s'affirmer chez les deux correspondants : celle-ci permet de mieux comprendre la condition humaine et elle transforme de l'intérieur l'être de chacun de ses lecteurs. N'avons-nous pas tout intérêt à adhérer nous-mêmes à ce point de vue ? À libérer la littérature du corset étouffant dans lequel on l'enferme, fait de jeux formels, complaintes nihilistes et nombrilisme solipsiste ? Cela pourrait à son tour entraîner la critique vers des horizons plus larges, en la sortant du ghetto formaliste qui n'intéresse que d'autres critiques et en l'ouvrant au grand débat d'idées dont participe toute connaissance de l'homme.

L'effet le plus important de cette mutation concerne l'enseignement scolaire de la littérature (du « français »), car celui-ci s'adresse à tous les enfants et, à travers eux, à la majorité des adultes ; c'est pourquoi je voudrais y revenir en conclusion. L'analyse des œuvres à l'école ne devrait plus avoir pour but d'illustrer les concepts que vient d'introduire tel ou tel linguiste, tel ou tel théoricien de la littérature, et donc de nous présenter les textes comme une mise en œuvre de la langue et du discours ; sa tâche serait de nous faire accéder à leur sens – car nous postulons que celui-ci, à son tour, nous conduit vers une connaissance de l'humain, laquelle importe à tous. Comme je l'ai dit, cette idée n'est pas étrangère à une bonne partie du monde enseignant lui-même ; mais il faut passer des idées à l'action. Dans un rapport établi par l'Association des professeurs de lettres, on peut lire : « L'étude des lettres revient à étudier l'homme, son rapport à lui-même et au monde et son rapport aux autres. » Plus exactement, l'étude de l'œuvre renvoie à des cercles concentriques de plus en plus larges : celui des autres écrits du même auteur, celui de la littérature nationale, celui de la littérature mondiale ; mais son contexte ultime, et le plus important de tous, nous est bien fourni par l'existence humaine même. Toutes les grandes œuvres, quelle qu'en soit l'origine, engagent la réflexion là-dessus.

De quelle manière faut-il s'y prendre pour déployer le sens d'une œuvre et révéler la pensée de l'artiste ? Toutes les « méthodes » sont bonnes, pourvu qu'elles restent moyen au lieu de devenir fin en soi. Plutôt qu'une recette, j'aimerais donner ici un exemple, celui de l'étude que le critique américain Joseph Frank a consacrée à Dostoïevski ; un volume de cette monographie (qui en compte en tout cinq) a été traduit en français sous le titre *Dostoïevski. Les années miraculeuses*[28]. Ce livre est d'abord une biographie, car certains événements de la vie de Dostoïevski jouent un rôle essentiel pour la compréhension de la genèse mais aussi du sens de ses œuvres : ainsi sa quasi-exécution sur la place publique et les quatre années de bagne qui s'ensuivent ; ainsi les conditions matérielles difficiles qu'il connaît ou les violences physiques dont il est témoin. C'est également une histoire sociale fouillée de la Russie et de l'Europe au milieu du XIXe siècle. À cela s'ajoute un débat philosophique : Dostoïevski vit dans un milieu où les idées de Hegel et Feuerbach, de Bentham et John Stuart Mill sont considérées comme parole d'Évangile ; il les absorbe à son tour, avant de les combattre. Un autre éclairage provient des abondants brouillons et carnets laissés par Dostoïevski, qui permettent, par une approche génétique, de saisir la constitution progressive du sens des œuvres. Enfin, n'ignorant rien des diverses recherches formalistes ou structuralistes en analyse textuelle, Frank sait les mettre en œuvre pour nous faire mieux accéder à la pensée de son auteur.

Ce dont on se rend compte, peu à peu, est que toutes ces perspectives ou approches d'un texte, loin d'être rivales, sont complémentaires – pourvu que l'on admette d'emblée que l'écrivain est celui qui observe et comprend le monde dans lequel il vit, avant d'incarner cette connaissance en histoires, personnages, mises en scène, images, sons. Autrement dit, les œuvres produisent du sens, l'écrivain pense ; le rôle du critique est de convertir ce sens et cette pensée dans le langage commun de son temps – et peu nous importe de savoir par quels moyens il parvient à son but. L'« homme » et l'« œuvre », l'« histoire » et la « structure » sont également bienvenus ! Et le résultat est là : en permettant d'inclure la pensée de l'auteur dans le débat infini dont la condition humaine est l'objet, l'étude littéraire de Frank devient une leçon de vie.

On doit entendre ici la littérature dans son sens large, en se souvenant des limites historiquement mouvantes de la notion. On ne tiendra donc pas

pour dogme inébranlable les axiomes fatigués des
derniers romantiques, selon lesquels l'étoile de la
poésie n'aurait rien de commun avec la grisaille
du « reportage universel », produit par le langage
ordinaire. Reconnaître les vertus de la littérature
ne nous oblige pas à croire que « la vraie vie, c'est
la littérature » ou que « tout au monde existe pour
aboutir à un livre », dogme qui exclurait de la
« vraie vie » les trois quarts de l'humanité. Les
textes dits aujourd'hui « non littéraires » ont
beaucoup à nous apprendre ; et pour ma part
j'aurais volontiers rendu obligatoire, en classe de
français, l'étude de la lettre, hélas guère fictive,
que Germaine Tillion adressait depuis la prison
de Fresnes au tribunal militaire allemand, le
3 janvier 1943. C'est un chef-d'œuvre d'humanité
où forme et sens sont inséparables ; les élèves
auraient beaucoup à y apprendre [29]. « On assas-
sine la littérature » (pour reprendre le titre d'un
pamphlet récent) non pas en étudiant aussi à
l'école des textes « non littéraires », mais en faisant des œuvres les simples illustrations d'une
vision formaliste, ou nihiliste, ou solipsiste de la
littérature.

On voit qu'il s'agit là d'une ambition bien plus
forte que celle qui est proposée aujourd'hui aux
élèves. Les changements qu'elle implique
auraient du reste des conséquences immédiates
sur leurs débouchés. L'objet de la littérature
étant la condition humaine même, celui qui la lit
et la comprend deviendra, non un spécialiste en

analyse littéraire, mais un connaisseur de l'être humain. Quelle meilleure introduction à la compréhension des conduites et des passions humaines qu'une immersion dans l'œuvre des grands écrivains qui s'emploient à cette tâche depuis des millénaires ? Et, du coup : quelle meilleure préparation à toutes les professions fondées sur les rapports humains ? Si l'on entend ainsi la littérature et si l'on oriente ainsi son enseignement, quelle aide plus précieuse pourrait trouver le futur étudiant en droit ou en sciences politiques, le futur travailleur social ou intervenant en psychothérapie, l'historien ou le sociologue ? Avoir comme professeurs Shakespeare et Sophocle, Dostoïevski et Proust, n'est-ce pas profiter d'un enseignement exceptionnel ? Et ne voit-on pas qu'un futur médecin, pour exercer son métier, aurait plus à apprendre de ces mêmes professeurs que des concours mathématiques qui déterminent aujourd'hui sa destinée ? Les études littéraires trouveraient ainsi leur place au sein des humanités, à côté de l'histoire des événements et des idées, toutes ces disciplines faisant progresser la pensée en se nourrissant autant des œuvres que des doctrines, des actions politiques que des mutations sociales, de la vie des peuples que de celle des individus.

Si l'on accepte cette finalité de l'enseignement littéraire, lequel ne servirait plus à la seule reproduction des professeurs de lettres, on peut facilement s'entendre sur l'esprit qui doit le mener :

il faut inclure les œuvres dans le grand dialogue entre les hommes, engagé depuis la nuit des temps et dont chacun d'entre nous, aussi minuscule soit-il, participe encore. « C'est dans cette communication inépuisable, victorieuse des lieux et des temps, que s'affirme la portée universelle de la littérature », écrivait Paul Bénichou[30]. À nous, adultes, incombe le devoir de transmettre aux nouvelles générations cet héritage fragile, ces paroles qui aident à mieux vivre.

NOTES

Sauf indication contraire, le lieu de publication est Paris.

1. S. Doubrovsky, T.Todorov (sous la dir. de), *L'Enseignement de la littérature*, Plon, 1971, p. 630.

2. J. Rousset, *Forme et signification*, José Corti, 1962, p. II.

3. Cf. T. Todorov, *Théories du symbole*, Seuil, 1977 ; M. H. Abrams, *Doing Things with Texts*, New York, Norton, 1989 ; L. Ferry, *Homo aestheticus*, Grasset, 1990.

4. Platon, *Philèbe*, 60c.

5. A. Shaftesbury, *Characteristics of Men, Matters, Opinions, Times*, éd. de 1790, t. 3, p. 150-151.

6. G. Vico, *Science nouvelle*, Nagel, 1953, § 821.

7. L. Ferry, *op. cit.,* p. 96.

8. G. E. Lessing, *Laokoon*, *Werke*, Bd. 5/2, Francfort, Deutscher Klassiker Verlag, 1990, ch. 9, p. 85.

9. G. E. Lessing, *Hamburgische Dramaturgie, Werke*, Bd.6, Francfort, Deutscher Klassiker Verlag, 1985, § 34, p. 348, p. 350 ; § 30, p. 332.

10. *Ibid.*, § 15, p. 257 ; § 49, p. 426.

11. B. Constant, *Œuvres,* Gallimard, 1979, *Journal intime*, p. 232 ; *Réflexions sur la tragédie*, p. 908, 920.

12. B. Constant, « Esquisse d'un essai sur la littérature du XVIIIe siècle », *Œuvres complètes*, Tübingen, M. Niemeyer, 1995, t. III, vol. 1, p. 527.

13. G. de Staël, *De la littérature considérée dans ses rapports avec les institutions sociales*, Flammarion, 1991, p. 66.

14. Ch. Baudelaire, *Œuvres complètes*, 2 vol., Gallimard, 1975-1976, t. II, p. 333.

15. *Ibid.*, p. 127 ; *Correspondance*, 2 vol., Gallimard, 1973, t. I, p. 336-337 ; *OC*, t. II, p. 421, p. 407 ; t. I, p. 182.

16. *Ibid.*, t. II, p. 457, p. 153.

17. Lettre à Louise Collet du 15-16.5.1852, *Correspondance*, Gallimard, 1980, t. II, p. 91.

18. O. Wilde, « Le déclin du mensonge », *Œuvres*, Gallimard, 1996, p. 791 ; « Le Critique », *ibid.*, p. 865, p. 853.

19. K. Ph. Moritz, *Schriften zur Aesthetik und Poetik*, Tübingen, M. Niemeyer, 1962, p. 112.

20. M. Larionov, *in* : *Une avant-garde explosive*, Lausanne, L'âge d'homme, 1978, p. 72-73 ; K. Malevitch, *Écrits*, t. I, Lausanne, L'âge d'homme, 1993, p. 102 ; B. Livchits cité par J.-Cl. Marcadé, *L'Avant-Garde russe 1907-1927*, Flammarion, 1995, p. 6.

21. J. S. Mill, *Autobiography*, Boston, Houghton-Mifflin Company, 1969, ch. 5, p. 81, 89 ; tr. fr. *Mes Mémoires*, 1874, p. 127, 141, 142.

22. Ch. Delbo, *Spectres, mes compagnons*, Berg International, 1995, p. 5.

23. R. Rorty, « Redemption from Egotism. James and Proust as spiritual exercices », *Telos*, 3 :3, 2001.

24. E. Kant, *Œuvres philosophiques*, t. II, Gallimard, 1985, § 40, p. 1073.

25. G. Flaubert-G. Sand, *Correspondance*, Flammarion, 1981, p. 510-530.

26. Lettre du 21.10.1851, p.10 ; lettre du 5.3.1853, p. 255, *Correspondance, op. cit.*

27. Lettre du 12.01.1876, p. 516 ; lettre du 8.12.1874, p. 486 ; lettre du 5.11.1874, p. 483, G. Flaubert, G. Sand, *Correspondance, op. cit.*

28. J. Frank, *Dostoïevski. Les années miraculeuses*, Arles, Actes Sud, 1998.

29. G. Tillion, *Ravensbrück*, Seuil, 1988, p. 35-40.

30. « Une communication inépuisable », *Mélanges sur l'œuvre de Paul Bénichou*, Gallimard, 1995, p. 228.

TABLE DES MATIÈRES

(suite des ouvrages du même auteur)

Guerre et paix sous l'Occupation : témoignages, avec Annick Jacquet, Arléa, 1996

La Vie commune : essai d'anthropologie générale, Seuil, 1995

Les Abus de la mémoire, Arléa, 1995

Une tragédie française : été 1944, scènes de guerre civile, Seuil, 1994

Éloge du quotidien : essai sur la peinture hollandaise du XVIIe siècle, A. Biro, 1993

Face à l'extrême, Seuil, 1991

Les Morales de l'histoire, Grasset, 1991

Nous et les autres : la réflexion française sur la diversité humaine, Seuil, 1989

La Notion de littérature et autres essais, Seuil, 1987

Un drame du temps présent, in *Le Printemps*, de Denis Guenoun, Actes Sud, 1985

Frêle bonheur : essai sur Rousseau, Hachette, 1985

Critique de la critique : un roman d'apprentissage, Seuil, 1984

Travail de Flaubert, avec Gérard Genette, Seuil, 1983

La Conquête de l'Amérique : la conquête de l'autre, Seuil, 1982

Mikhaïl Bakhtine, le principe dialogique, Seuil, 1981

Les Genres du discours, Seuil, 1978

Symbolisme et interprétation, Seuil, 1978

Théories du symbole, Seuil, 1977

Dictionnaire encyclopédique des sciences du langage, avec Oswald Ducrot, Seuil, 1972

Poétique de la prose, Seuil, 1971

Introduction à la littérature fantastique, Seuil, 1970

Grammaire du « Décaméron », éd. Mouton, 1969

Qu'est-ce que le structuralisme ?, avec Oswald Ducrot, Dan Sperber, Moustafa Safouan et François Wahl, Seuil, 1968

Littérature et signification, Larousse, 1967

Théorie de la littérature : textes des formalistes russes, Seuil, 1966

octobre 2017
p. 16 MAGNIFIQUE !

Nº d'édition : L.01EHQN000724.B002
Dépôt légal : mars 2014
Imprimé en Espagne par Novoprint (Barcelone)